WEBLOGGERS OBSESSIES VOOR FRED VAN DER WAL

(DEEL 2)

WIE NAM DE VKBLOG MODERATIE IN HET EINDSTADIUM VAN HET VKBLOG NOG SERIEUS? NIEMAND TOCH?

Ik hoorde van Knutselsmurf dat GP des avonds rond loopt met een lamme hond en een zaklantaren als beveiligings medewerker met uniform van Firma Laageboom. Of het waar is? Wie zal het zeggen...

fredvanderwal zegt: april 27, 2011

Gisteren is mij hetzelfde overkomen. Na een actie van één of meerdere webloggers, die mij zoals al langer bekend niet goed gezind zijn, ben ik voor twee weken geschorst om redenen die mij niet duidelijk zijn. Ongetwijfeld heeft GP op zijn knieën gelegen om een schorsing te be- werkstelligen. Een stiekeme Fries met een afkomst van likmereet. In een rioolpijp geboren met de soldeervlam in zijn pijp.
Een mail waarin ik vroeg om uitleg van zijn handelwijze is niet beant- woord. Een beroepsmogelijkheid is er niet.
Het recente moderatiebeleid in de eindfase van het weblog vind ik een smet op het VKblog. Inmiddels heb ik mijn abonnement op de krant opgezegd per 8 mei.

piet de vries zegt: april 27, 2011

Ik noem moderatie consekwent censuur, dat verduidelijkt het. Wie deze censuur wil, en waarom, is uiteraard speculatie. Maar het is opvallend dat censuur vrijwel altijd plaatsvindt na uitingen die een bepaalde (inter) na- tionale groep onwelgevallig zijn.

fredvanderwal zegt: april 27, 2011

@Piet de Vries

In het geval van de VKblog moderatie spelen persoonlijke motieven soms een rol, maar beslist geen internationale groepen.
Zo is mij bekend dat een kleine groep anti- Fred van der Wal VKbloggers nu al jaren lang aangevoerd wordt door twee academisch gevormde, he- laas baanloze Vkbloggers, waarvan tenminste één persoon goed bevriend

2

is met de moderatrice en regelmatig beklag deed over mijn bijdragen aan het VKblog.

Een gepensioneerde leraar Nederlands, eveneens anti mijn weblogbijdrages meende te moeten schrijven dat mij de hand boven het hoofd werd gehouden door de moderatrice.

Mogelijk heeft zij om te haar onafhankelijkheid te demonstreren mij een schorsing opgelegd. De inhoud van mijn reacties op het weblog was neutraal.

Volgens Telmiep bezocht de Persgroep Be. gisteravond (ongetwijfeld na klachten van selectief verontwaardigde links draaiende melkzure beroeps protesters van een of meerdere minkukels) enkele van mijn weblog bijdrages van weken geleden, maar zag klaarblijkelijk geen reden voor verwijdering, anders had ik dat wel gehoord.

Van censuur zou ik niet willen spreken in het geval van de VKblog moderatie.

Inmiddels zijn veel Vkbloggers weg gelopen door een te strikte moderatie die elke vorm van polemiek en metabloggen heeft uitgebannen. De spirit is door deze gang van zaken al lang uit het VKblog. Andere weblogs gloren reeds aan de horizon. Wat mij betreft; prima dat VKblog per 1 juni exit is. Ik zal het niet missen.

francois15 zegt: april 27, 2011

De moderatie is inderdaad zeer zonderling geworden bij die club. Kennelijk is er ook geen controle meer op de moderatie zelf.

fredvanderwal zegt: april 27, 2011

francois15

De klacht tegen mij is ingediend waarschijnlijk door de club van GP en Kokopelli die mij enige tijd geleden beloofde "een tik uit te delen". Flinke jongens. GP kondigde aan de moderatie te waarschuwen op het weblog van Ate om Partout weer dwars te zitten. Een weblogger waar GP eveneens een grondige hekel aan heeft. Aanleiding voor mijn schorsing is uiteraard het weblog van Ate, die op uiterst schijnheilige manier mij en Partout aanvalt. Laat ze hun lol lekker hebben!

Het laat een bittere nasmaak na, te meer daar ik de moderatrices Jantien en Martine in de achterliggende periode openlijk door dik en dun gesteund heb. Wat is loyaliteit waard, vraag ik me dan wel af. In linkse kringen niets, dat blijkt wel! Binnenkort kunnen zij weer als koffiejufrouw functioneren op de afdeling internet Volkskrant.

fredvanderwal zegt: april 27, 2011

Ik heb de moderatie gisteren gemaild om uitleg schorsingen
geen antwoord
vandaag de moderatrice op haar persoonlijke facebook adres gemaild
geen antwoord
we wachten af

fredvanderwal zegt: april 27, 2011

Meer dan 26 (!) Spamblogs. Diverse webloggers worden geschorst om niets.
De Volkskrant een krant om een abonnement op te nemen? Ik dacht van niet! Het is een CENTRUM LINKSE versie van De Telegraaf.

fredvanderwal zegt: april 28, 2011

Meneer GP.
het sieraad van onze maatschappij
kan hele nachten door bloggen
om anderen dwars te zitten
en te treiteren
toch goed dat er uitkeringen zijn

(wordt vervolgd)

fredvanderwal zegt: april 28, 2011

Timmerark
Ik heb de volgende mail gestuurd aan de moderatrice:

Geachte moderatie

Ik nam in vergelijking met enkele andere respondenten een gematigd commentaar aan op het weblog van Ate. De reden van schorsing vind ik niet terecht, maar er iets aan veranderen kan ik niet. Vlak voor het definitieve einde van het Vkblog laat het een weinig prettige nasmaak na.
Ik wil u herinneren aan het feit dat ik in achterliggende jaren de moderatie openlijk voor de volle honderd procent heb gesteund in mijn reacties op weblogs tegen een aantal klagers.
Waarschijnlijk zal U dat niet veel uitmaken wat Uw beslissing betreft, doch dit terzijde.
De langdurige, felle aanvallen van uit een aantal webloggers die mij vanaf het begin niet welgezind waren zullen U ongetwijfeld bekend zijn.

labello lipstick manon Verdruisz-van Heuvelstein zegt: april 28, 2011

CAM is toch dat dikke mens die als verkeerd uitgepakte zwaar brillende gehaktbal achter die veroordeelde pedo stond en met iedereen mee slijmt als het haar uit komt?

De Mevrouw (Krudzlo) zegt: april 28, 2011

Goed dat ze die Fred van der Wal eens flink hebben aangepakt, Grutte Pier en Kokopelli, hulde! Houwen zo! Pak hem!

A Deo

JOB zegt: april 28, 2011

Prima om die van de wal in de sloot aan te pakken! Hij kan nog geen kikker van de kant af duwen. Waardeloze kunstenmaker.

Catadunya zegt: april 28, 2011

Gisteren zat ik in mijn studio in MANHATTAN, EERGISTEREN IN Girona, een giro uit te schrijven, vandaag BRUSSEL WAAR IK EEN CONFERENTIE MET Paul Cliteur bezocht. Hij verzocht mij over de internationale politieke situatie te spreken als kunstenaar.

Catadunya zegt: april 28, 2011

A DEO
GROET
JOB

fredvanderwal zegt: april 28, 2011

Wie Cam is heb ik geen idee en wat ze bedoelt ook niet. Scam?

fredvanderwal zegt: april 28, 2011

@Labello
Geen commentaar

@De Mevrouw is bekend. Vraag maar aan Ma. Als ze 'm missen is ie net
pisssen en als ze 'm roepen is ie net poepen.

@Job
Geen commentaar

@Catadunya
Uw lulverhalen zijn inmiddels breeduit bekend geraakt.
Drie maal de Uriotprijs?
Conferenties in Brusssel?
Paul Cliteur?
Heeft U de lagere school nog steeds niet afgemaakt?

fredvanderwal zegt: april 29, 2011

Grutte Pier
De aanleiding en reden zijn jou bekend. In de reactieruimte van Ate heb je
een reactie neer gezet-als die al niet gewist is door Ate- dat je de moderatie zou benaderen met een klacht over Partout en klaarblijkelijk ook over
mij. Als jij daar je lol uit put; ga je gang. In de eindfase van het VKblog
blijf ik het een vreemde zaak vinden.

fredvanderwal zegt: april 29, 2011

In een standaard frase van de moderatie afdeling, die niet is ondertekend op persoonlijke titel deze keer, werd vermeld bij mijn merkwaardige schorsing een voortdurend schelden op andere webloggers waar geen sprake van is.
De weblogbijdrage van Ate, wie zich daar ook achter mag verschuilen, is uitermate tendentieus.
Specifieke voorbeelden van mijn zogenaamde "overtredingen" werden niet genoemd.
Correspondentie met de moderatie afdeling geschiedde regelmatig over andere zaken dan over weblog aangelegenheden, des te vreemder komt deze schorsing op mij over.
Toevallig had ik vantevoren een aantal weblogbijdrages ingepland voor komende dagen.

fredvanderwal zegt: april 29, 2011

De verstandhouding met de moderatie was altijd heel goed des te meer bevreemdt mij deze schorsingen van de laatste tijd
De spamblogs zouden niet behoren te verschijnen op het VKblog en ik vraag mij het een en ander af.
Maakt het deel uit van een ontmoedigingsbeleid? Ik zou het haast gaan geloven

Grutte Pier zegt: april 29, 2011

@Fred
Die reactie is door Ate weggehaald. Ik wees Partout erop dat hij wederom veel te ver ging, en dat dit soort gedrag al eerder een definitieve schorsing voor hem had opgeleverd. Een waarschuwing dus. Al helemaal niet ri. jou dus. Je reputatie bleek al heel lang bekend dus… (die van Partout is dat zeker ook). En men heeft blijkbaar actie ondernomen om jou eens en voor altijd voor goed af te straffen. Je verdient het, zoals elke klootzak. Schuif dat niet in mijn schoenen, ik ben geen "belletjetrekker" zoals jij.

fredvanderwal zegt: april 29, 2011 om 9:53 pm

@Grutte

Dat is mogelijk, hetgeen je in de eerste zinnen stelt. Ik wil dat niet uit sluiten. Mijn commentaren bij Ate zijn niet dusdanig geweest dat een sanctie daarop te verwachten viel. Het weblog van Ate is bedoeld om Partout en mij niet alleen uit te lokken, maar vooral in een kwaad daglicht te stellen en te trachten Developer, die net iets slimmer is dan de gemiddelde VK-blogger, tegen Partout en mij op te zetten.

Je mededeling dat je geen belletjetrekker bent neem ik met een korreltje zout. Je bent voor mij niet geloofwaardig waar je het zelf naar hebt gemaakt enige tijd geleden. Ik hoef zeker niet in details te treden? Je treiterde toch een dozijn webloggers weg van het Vkblog? Zitten er NSB-ers in je familie?

De diverse mails, in het bijzonder met één van de moderatrices, gingen over van alles, zelfs over zaken die weinig of niets met het weblog te maken hadden maar in de persoonlijke sfeer lagen.

Menig maal zette ik boven een mail ironisch GEEN KLACHT of AL-WEER GEEN KLACHT maar betrof het een mededeling over zaken van persoonlijke aard die je niet aan gaan.

Tot voor twee weken had ik een hoge opinie van de moderatie en heb altijd door dik en dun hun standpunten en wijze van modereren openlijk verdedigd.

Ik heb elke mail opgeslagen waarin sprake was van een persoonlijke correspondentie dus kan ik moeiteloos met de bewijsjes aan komen als dat zou moeten, hetgeen ik niet erg sjiek vind tegenover de afzender. Daarbij komt dat briefgeheim door mij soms gerespecteerd wordt.

Nogal logisch dat ik de moderatie inlichtte over de verwijten die Ate aan mij en Partout openlijk kon neer zetten. Ik vind dat niet IK een schorsing had moeten krijgen maar Ate met zijn insinuaties.

Een bloedhekel aan leugenaars? Jij? Bajeslef!

Ik gebruik geen proxies zoals jij wel deed. Herkenbaar aan je spelfouten. Je bent Fries en een academicus dus Nederlands schrijven is net een station te ver. Daar kun je mij niet van beschuldigen. Nogmaals: de gang van zaken is meer dan merkwaardig. In de laatste weken van het VKblog verdient deze situatie geen schoonheidsprijs.

Je antipathie ten opzichte van mij heb je door de Vkblog jaren constant gedemonstreerd waarmee je de toon hebt gezet. Jaloezie op mijn talent, mogelijkheden, financiën, huizen, boeken, schilderijen, exposities en positie zal daar debet aan zijn. Anderen zijn daar in mee gegaan om mij te stalken en te belasteren. Verwacht niet van mij enige sympathie.

Je hebt dat verspeeld. Alsof ik er iets aan doen kan dat je wijf van je is weg gelopen! Je dochter mag je ook al niet zien en dat zal wel zo zijn redenen hebben, denk je ook niet? Daar ben je overigens niet de enige in ons land, doch dit terzijde.

Niemand kan van mij verwachten serieus te worden genomen als hij of zij zich neerbuigend en vol hovaardij mij denkt te bejegenen. Het zal wel de Friesche ziekte wezen waar je aan lijdt. Een enkele weblogger meent dat ik hogelijk geniet van deze controverses; zij vergisssen zich.

Mag ik misschien even een academicus aanhalen die mij bespotte dat ik uit het bestuur van de stichting van Developer trad vanwege ziekte? Ik mag hem van hieruit dan mede delen dat een glaucoom en artrose mij nu al een vier jaar het leven moeilijk hebben gemaakt.

Moge hij zich daar in verheugen. Ik gun hem zijn lol. Op het VKblog had ik weinig zin daaar mededelingen over te doen. Hier, met het beperkte aantal lezers is het een andere zaak. Grutte Pier, jij zal het wel weer als "leugen" beschouwen.

fredvanderwal zegt: april 30, 2011

Inderdaad Timmerark. Grutte Pier lokt elke keer weer om mij onbekende redenen een onaangename, vrijwel nooit ter zake doende discussie uit. Ik sluit verder de reactiedraad mijnerzijds.

Fred van der Wal zegt: augustus 23, 2011

WE NAM DE MODERATIE NA WILLEKEUR NOG SERIEUS?

Ik in elk geval niet. Het meisje zal nu wel weer als voorheen koffie met een Berliner bol mogen rond brengen op de redactie. En Grutte Pier? Ach, een Fries, dan weet je het wel. Onbetrouwbaar. Vervuld van minderwaardigheids complexen. Ik hoorde van Knutselsmurf dat GP des avonds rond loopt met een lamme hond en een zaklantaren als beveiligings medewerker met uniform van Firma Laageboom. Of het waar is? Wie zal het zeggen…als onbezoldigd veldwachter bromsnor kan hij het nog ver brengen.

WAAROM KAN ZO'N MAN ALS FRED VAN DER WAL ZO LANG ONGESTOORD ZIJN GANG GAAN?

Fred van der Wal : En ik vind de gevoelige gedichten van jonkheer W.C. Kloot van Neuckema tot De Balzac nog veelbeter dan die Von Klagenstein powemen van de ruggegraatloze dichter hier uit de buurt wiens naam ik niet over mijn lippen kan krijg en zonder antiperistaltische bewegingen en golvende darmkrampen binnen te houden zodat de kots mijn gorgel uit spuit en de stront mijn darmen uit lekt.
Nee, dat is iets anders dan anale seks, want dat gaat er niet iets uit maar komt er iets in!
Zorg maar dat U niet zonder een kilometer pleepapier bij mij in buurt komt! Even deppen die hap…de natte vliegende slinger stront schijt!

Rommert Boonstra: Een van de grootste internetvervuilers is Fred van der Wal. Dat hij smerige taal uitslaat interesseert me niets. Dat hij waardeloos werk maakt laat me koud. Maar dat hij allerlei mensen met naam en toenaam de grond in probeert te boren is beneden alle peil. Waarom kan zo'n man zo lang ongestoord zijn gang gaan? Omdat hij je nog harder de grond in gaat trappen als je reageert. Zo kan hij rustig verder beledigen en leu-gens rondstrooien. Iedereen is doodsbenauwd.

Robert Engel: Vent, dan ben je niks anders dan Fred van der Wal met je gelul.

Fred van der Wal: De STOP FRED VAN DER WAL AF ACTIE door Rommert Boonstra is als een nachtkaars uitgegaan, niemand koos de partij van onze blinde fotograaf, een eenzame, verbitterde, verwarde man, die in de AOW een uitzichtsloos bestaan slijt en waarvan ik nog maar moet zien of hij de zeventig haalt in zijn colère, maar hoe geheel anders die Bourgondisch levende Fred van der Wal, die het hele jaar Through The Tulips door het leven walst, samen met de Koningin der Rozen, Isis Nedloni! Dat is toch zo On- Hollands dat ik er zelf nog stil van wordt als er niet net weer gebeld werd, het zal de bakker toch niet wezen om deze tijd?

10

App Partement-Zuurbier: ik heb al eerder mijn bezwaren geuit tegen het slordige taalgebruik van deze meneer, een proza gelardeerd met niet bestaande woorden die zelfs de van Dale niet kent, met vloeken en tieren en scheldwoorden, die meneer moet op Nederlandse les of is hij daar in Frankrijk zijn moerstaal vergeten als allochtoon, want dat is hij toch voor de Fransen, een witte neger.

Frank Verpoorten: Uw imago bevalt mij niet. Het is te fascistoïde. Uw pose hoort bij de SS; Uw uitdrukkingswijze bij de beul. Waar is de bijl aan de wortel, meneer van der Wal, dat vraag ik U? Wáár is de bijl aan de wortel?

Zwollywood: Ja zeg…trek zelf een BH aan…..ik heb het wel gezien hoor …!!

Klaverblad: Ergens moet er iets in je jongste jaren misgegaan zijn.

Conan: Wij roepen altijd "laat je titten zien" als we beginnen.

Peterselie: Schrijft U eens één blog over een ander, b.v. uw partner. De egocentriciteit is pathologisch en veel betekenend.

Conan: Prima stukje Fred, Mickey Spillane, maar dan in het kwadraat.

Wim Duzijn: Een genie in logisch denken ben je niet FRED.

Conan: Ik kan er ook niks aan doen, ik ben een fan van Fred z'n schrijfsels geworden.

Wim Duzijn: Je scoort weer hoog bij me FRED. En dat komt omdat ik nog altijd geen weerstand kan bieden tegen dat puberale opschepperige gelieg van jou.

Wim Duzijn: Waarom schrijf je eigenlijk dat gelul op zo een serieuze wijze op FRED?

Misja : lachen, gieren en brullen!! mooie mix van autobiografie en fictie …lekker frediaans over the top.

Jos: Fred, Nou géén leugens meer!

Abraham Middelkoop: Loop U nog steeds in een beha door de klap-rozen te darren en in lingerie door de tuin te walsen bij maanlicht? Welke echte man doet dat nou of ben U geen echte man?
U rij toch ook geen auto?
Nou meneer, in onze buurt zeggen ze het is geen man die niet auto(v)rijen kan

NN: Hé Fred, staat je pc nog aan? Ik geloof dat-ie bezig is een boek over je te schrijven hier. Kijk uit man met die techniek van tegenwoordig.

Helena: F. van der W. is een leugenaar eerste klas, ik heb het nu echt gehad!

Blogpareltjes uit het Verleden…

…Deel 4 van veel

Voor Deel 3 zie hier

Timeshifting en Zinsbegoocheling

WEBLOGAANVAL VAN ONBEKENDEDAME (DEEL 1)

… DE '(GE)VIER(D)E' INTOCHT VAN EEN GLADIOOL

Fred en zijn muze…

En toen ik me omdraaide stond ik opeens oog in oog met Fred en zijn muze. Natuurlijk wist ik op dat moment nog niet dat hij het was. Wel vroeg ik me af waar dit tweetal zo snel vandaan was gekomen, zo vanuit het niets in de voorste regionen van het wandelpeloton.

Ik kreeg echter niet de kans om iets te vragen, Fred stak meteen van van der wal. Daardoor had ik rustig de tijd om hem en zijn vrouwelijke metgezel van top tot teen te bekijken. Hij had er duidelijk moeite voor gedaan er als een kunstenaar uit te zien: zijn haar net te lang, ringbaardje. De slippen van zijn hemd hingen uit zijn iets te lange korte broek. Zijn bestofte blote voeten staken in sandalen. Ook de vrouw naast hem zag er artistiekerig uit: lange zwarte rok, een met rode rozen geborduurde sjaal om haar schouders. En aan haar voeten zwarte puntlaarsjes met hakken. Naaldhakken. Fred haalde even adem om verder te kunnen oreren en van die gelegenheid maakte ik gebruik om hen beiden een gladiool te overhandigen. Tevens zag ik mijn kans schoon om te vragen hoe zij zo ver hadden kunnen komen.

Als door een wesp gestoken reageerde hij: 'Hoe durft U mijn integriteit in twijfel te trekken! Kijk HIER' en hij haalde uit één van zijn zakken een lange strook papier. Met priemende vinger wees hij erop: 'kijk hier. En HIER!' Ik keek vluchtig naar de lange opsomming en meende te zien "vierdaagse van Tietjerksteradeel, vierdaagse van Ootmarsum. Santiago de Compostella. Pieterpad. Luik-Bastenaken-Luik". Maar voordat ik goed en wel iets duidelijk had kunnen ontcijferen stak hij het document weer bij zich. De vrouw naast hem gaf intussen geen enkele reactie. Ik probeerde het opnieuw: "maar ik bedoel, op deze schoenen?" Daarbij keek ik veel betekenend naar de laarsjes van de vrouw. Hij boog zich naar mij over en beet me sputterend toe: "pas op met wat je zegt! Zij is kwetsbaar!! Kijk hier dan. Het BEWIJS!!"

En uit een van zijn andere zakken haalde hij een stempelkaart te voorschijn. Er stonden onmiskenbaar stempels van alle posten van de afgelopen vier dagen op. Het jaartal klopte. En zodoende viel ook mijn blik op de naam: Fred. Ongevraagd haalde hij uit weer een andere zak nog een kaart tevoorschijn. "Hier. Die is van HAAR. Tevreden? En durf nou nog maar eens te beweren dat wij geen recht hebben op een medaille. Wij zijn hier geheel op onze eigen kunstzinnige wijze terecht gekomen. Dat is iets waar jullie, domme burgertjes, geen weet van hebben!" En toen ik mijn mond opende om nog iets te zeggen klonk het: NEE, geen woord meer! Ik wil niets meer met je te maken hebben!"

Dat gevoel was overigens geheel wederzijds. Want tijdens het spreken likte Fred steeds met zijn tong langs zijn lippen. In combinatie met de suggestieve gezichtsbeharing zag het er verontrustend uit alsof hij zichzelf continu aan het beffen was. Ik was dus blij dat ze doorliepen en hield mijn laatste woorden voor mij.

Fred zelf stapte nog behoorlijk voortvarend voort maar de vrouw aan zijn zijde strompelde vervaarlijk. Ik gunde hen die laatste kilometers van harte. En wist wat hen aan het einde van die barre tocht te wachten stond. Want waar Fred mij geen kans voor had gelaten om te zeggen, was dat de Vierdaagse dit jaar voor het eerst niet meer met stempelkaarten werkte maar met elektronische polsbandjes. En hoewel het jaartal op hun kaarten op kunstzinnige wijze was vervalst zou dit illustere duo bij de finish onherroepelijk door de mand vallen.Als ze de finish al haalden....'s Avonds lagen de gladiolen vertrapt op straat.

Geniale Bralmans... Strikes Again
Met wat dan zou je denken...., maar goed. Ihkv Cultureel Er(f)(g)bezit op OBA, toon ik het voor diegene die het is ontgaan.... (heb er wel een titel aan gegeven, dat moest wel, immers 'literair' verant-woord ...) Blij met me eige zelfmeelij.

Fred van der Wal:

Ik zie toevallig liever het kokette kwastje
van de Man Met De Fez
dan de Man Met De Sombrero Full Of Espresso uut Rotterdam
en helemaal niet het halve ei zonder lege dop
nee het zit geheel anders
de lege dop zonder halfzacht ei
want dat is er uit gelopen
zo weet ik zeker
dat Doppermans een onzekere

14

persoon is
die daarom streken heeft
en een woede in zich
tegen onze Fred van der Wal
die zijn gelijke niet kent
een persoon denk ik die
geen enkele loyaliteit kent
dat hebben verlaten piepel vanzelf
en zo hoort het ook
en dop die hier in de reactieruimte
altijd an komt sjaggerijnen op zielig Calimero nivo
en nooit iets bij draagt aan het weeshuis van mijn weblogwezen
fuddomd poweties opgemerkt!
al zeg ik het zelluf
het lijkt wel de taal van Kruts uut Valkenburg
die beweert geen bank te hebben of bankrekening
zodat ie geen verschuldigd bedrag over kan maken aan OBA
voor verhuizen weblog
en ook nog een fotograaf probeerde te tillen
die fotograaf heb ik gelukkig adres van Kruts kunnen geven
zo ga ik rond en doe mijn goede werken
en help menig behoeftige
aan een fijn leven
behalve Misja
die krijgt niks
behalluvve de schillen en de dozen
om in een lange rij uren lang
bij de voedselbank aangenaam te verpozen
mooi kado fijn boeket
de doornen niet de rozen
bloed aan het toetsenbord en toch veel pret
en waar die mee thuis komt
daar zien ze mij nog niet mee thuis komen
hele kratten vol
alles over de houdbaarheidsdatum
dus extra pittig en smeuïg
nog een paar jaar en ook zij
is over de houdbaarheidsdatum heen

het leven is toch als kankerverwekkend plestik verpakte belegen
kaasplakken
en ouwe wijn in ouwe zakken
stamppot van drie dagen terug
is beter om te prakken
een olifant een mug

(verdomme, weer powezie, want het rijmt)

Grutte Pier op 8 februari 2013 schreef:

Dat eea dieptroostig in de geest van dit heerschap mag zijn, is Zonneklaar Helder. En die bagger maar blijven recyclen…. *man o man*

Robert Kruzdlo op 8 februari 2013 schreef:

Genoten, kom nog eens langs. Ja, klopt ik zit nooit op de bank en beweren doe ik niet dus het zou best kunnen dat ik er naast zit. Groet en tik een ei-tje.

Roomse Carneval op 8 februari 2013 schreef:

Niet om te lachen maar humor is het wel, alhoewel het huilen dichterbij is dan sjacherijnig zijn is dit alleen maar een opsteker. Toch.

Grutte Pier op 8 februari 2013 schreef:

Waarom reageer je onder 2 namen?

Geplaatst door 7 februari 2013 door Grutte Pier

Ode…
… aan De Geniale Kunstenaar Fred van der Kwal. We moeten wel aan Cultureel Er(f)(g) bezit doen op OBA doen tenslotte. Al is eea Een Feit…
(g) De Penselenswaffelaar

Grutte Pier op 7 februari 2013 schreef:

16

Reageer ↓

Henk op 7 februari 2013 schreef:

Mooi !
GrH

Grutte Pier op 7 februari 2013 schreef:

Vond ik ook

helena op 7 februari 2013 schreef:

LOL!

Grutte Pier op 7 februari 2013 schreef:

Ere wie ere toekomt!

durk diekstra op 7 februari 2013 schreef:

Man wat heb ik me ongans gelachen. Ik woon vlak naast het toen ik fietste
naar hotel de witte klok aan de in Oudebildtzijl, en ken die man wel waar
je het over hebt, de kladschilder zoals wij hem noemen van Kunstkring
Uytland ook uitgegooid vlak na hij kwam wonen had geen zin in zo iemand die niet bij ons past. Ik woon hier pas, maar hoor wel wat van de in-
woners. Is bekend door gedrag door iedereen spuugt hem uit, is niet normaal is om de halve week dronken gaat naar hoeren op de Weaze in
Leeuwarden en gebruikt drugs en loopt scheldend langs de dyk ruzie met
andere kunstenaars en ook door en door onhoudbaar en vraag aan Peter
Zonderman echte kunstenaar hij niet en Bowe Broodbergen of aan Man-
nus Schuttelmeijer van Ljouwert die hem niet uitstaan vraag maar rond en
hij lult over een expositie in New York allemaal flauwe kul alles onzin en
verzonnen en onwaar ik kom zelf ook uit het westen maar doe normaal

Grutte Pier op 7 februari 2013 schreef:

Werkelijk? Nog erger dan al gedacht…

17

Robert Kruzdlo op 6 februari 2013 schreef:

Heb jij dit nu ook als je belachelijk wordt gemaakt : Dat mensen die over mij schrijven. In mijn leven heb ik dingen tot stand gebracht die wellicht vallen te bespotten, maar ik kan ze niet meer ongedaan maken. Mensen beginnen daardoor in vaste sjablonen erop na te houden, ze lezen slecht en hebben ook nooit iets geleerd van zichzelf, dan keer op keer hetzelfde op te rakelen. Dat geeft mij de ruimte, meer handelingsvrijheid, het werkt als een schild waar achter ik stiekem bezig kan blijven op mijn eigen manier. Vooral de polemische herhalingen waarin ze steeds vervallen, teleur gestelde idealisten.

Grutte Pier op 6 februari 2013 schreef:

Ik word nooit belachelijk gemaakt

helena op 6 februari 2013 schreef:

dat is niet zo best!
LOL! (penselenswaffelaar).

er was eens een penselenswaffelaar
wiens neus elke dag langer werd
hoe meer hij schreef
des te langer werd zijn neus

zijn gezin hield het niet meer vol
zijn neus was nu zo lang
dat ie niet meer paste in de huiskamer
van het oh zo grote pand
met tig kamers
van de penselenswaffelaar

bezoek dat langs kwam
schrok zich rot
en liet zich nooit meer zien

van penselen en met kwasten werken kwam niets meer
zijn neus was zo lang
dat hij niet meer zag wat hij aan het doen was
en de neus zat in de weg
er groeiden ook ontzettend lange vieze haren uit
juck!

de neuzensnijder kwam langs maar die wist het ook niet
hij schrok zich een biet
en rende snel weg
zoiets had hij nog nooit gezien
er lag inmiddels ook een enorme berg snot
in de werkkamer van de penselenswaffelaar
want ja uit zo'n lange neus....

de bacteriën tierden er welig
geen werkster wilde nog in de kamer komen
en zo verdronk de man in zijn eigen snot

de omgeving van het huis, de weides, de wegen, de tuinen en de wateren,
bleven nog lang
besmeurd met slijmerige sporen
geen mens wilde er nog wonen

Grutte Pier op 6 februari 2013 schreef:

Subliem en Geniaal! Maandag

Geplaatst door 21 januari 2013 door Grutte Pier

De Beroemde Blauwe...

... de 3e van Januari

Vandaag kort even gedacht om een rijke vrouw te nemen, en penselenswaffelaar te worden. Dit was van korte duur, want wat een miserabel
leven heb je dan nog voor de boeg.
(...)

19

Geplaatst door 27 oktober 2012 door Grutte Pier

Moet je er druk over maken?… welnee! Ach, als OBA-deelnemer kun je soms niet om de "diarree-sproei" van Fred van der Wal heen, soms meerdere malen per dag. Ik mag toch hopen, en veel/meesten doen dat al, dat we een VP op maat gaan krijgen. Bemesten is goed, als je maar iets wil laten groeien. Deze deelnemer is echter ….. uuhhhh… laat ik het netjes zeggen: een non-deelnemer en vervuiler 1e graad. Exemplarisch is zijn stokerij/stalkerij. Voor je het weet figureer je in een blog, van deze paranoïde, schizofrene, maar met name mislukte man in het leven. Een hard, maar eerlijk oordeel. Nav zijn laaste bijdrage: http://nl.wikipedia.org/wiki/Overleg:Fred_van_der_Wal… dat is nog niet alles…Zijn vete met Kruzdlo (ik heb een mooiere, rooiere Clownsneus dan jij) is hilarisch. Vanwaar deze bijdrage? Ach….. vooral leedvermaak denk ik… ;-0

BLOEDDRUPPELS OP ZIJN LAPTOP, HOE DE KUNSTENAAR FRED VAN DER KWAL AAN ZIJN EINDE KWAM (DEEL 2)

Geplaatst door 4 oktober 2012 door Grutte Pier

De Waarheid omtrent Fluffie van der Walg…Dit bericht werd geplaatst in Bandeloze Badeenden, Echelon, Overig door Grutte Pier. 7 reacties op "Bloeddruppels op zijn laptop, hoe de kunstenaar Fred van der Kwal aan zijn einde kwam (deel 2)"

galmiers op 4 oktober 2012 schreef:

Zit ik nog een beetje na te janken over die hond, krijgen we dit weer, crisis.

Grutte Pier op 4 oktober 2012 schreef:

De hond zit er niet mee…. (al baal ik wel lichtelijk). Dit is duidelijkheid verschaffen Aan Den Onschuldige Webloggers, Academisch of Niet…

Grutte Pier op 4 oktober 2012 schreef:

Rel = nofollow

helena op 4 oktober 2012 schreef:

LOL! De labsloptop blijft nadruppelen van het bloed. Ja als de klutsenaar anderen maar blijft treiteren dan moet ie geen huilie huilie doen als ie wat antwoorden terug krijgt. Zwijgen helpt ook al niet dus ja…;-)

Grutte Pier op 4 oktober 2012 schreef:

Derhalve deel 2 voor het Voetlicht (deel 3 dan ook maar?)

Zijn Krokodillentranen inz. de overleden vrouw van Rommert Boonstra is een exemplarisch voorbeeld. Om daarna in, wat zal het zijn: 39 stukjes, die man daarna weer de grond in te boren. Tsjonge, wat een genie ben je dan…. Het is tot nu toe de ergste Trol die ik ooit ben tegen gekomen op www. Hij is niet voor niets van diverse fora afgeflikkert (!). Eea blijft grens overschrijdend, en overrijp voor psychiatrische hulp. Los van dementie factoren. Wat een hatelijke Onmacht allemaal....en nix geleerd....

Hanneke van Hanoi op 4 oktober 2012 schreef:

ik heb weer es wat gemist geloof ik........niet dat ik dat erg vind.

Grutte Pier op 5 oktober 2012 schreef:

Oude liedje op zich.... schofferend door het leven gaan, bij gebrek aan beter...

Check mijn interview met de excentrieke kunstenaar Fred van der Wal in Vice Magazine van vandaag! http://bit.ly/dOjGIW

Hoe lang is het nu al weer geleden dat GP beweerde dat ik geen intervjoe had met Vice Magazine? Hoe lang? GP had het weer eens lelijk mis!

Heleen Hüpscher @helena_is_here 16 januari

"En Openlijke Toegestane Discriminatie" teksten te vinden bij **haatzaaier racist Fred van der Wal**

http://fredvanderwal.wordpress.com/2013/01/16/vroeger-was-het-allemaal-anders-vanzelfs/ ...

VROEGER WAS HET ALLEMAAL ANDERS VANZELFS...

Hoe gaat het anno nu in het straatbeeld met de massa immigratie? Drie maal op een dag gaan hier de politie autos met zwaailicht en sirenes voorbij naar het plaatselijke AZC- dat door de salonsocial...

Nieuwe #blogpost : FRED VAN DER WAL LEED VERWEKKEND, ZELDEN VERZACHTEND,NIEUWJAARSWENS VOOR 2013 EN VOLGENDE JAREN...

Heleen Hüpscher @helena_is_here 20 september

@EdgeOfEurope ik kan er nu echt niet meer tegen! Zie de lange reactie http://fredvanderwal.wordpress.com/2012/09/18/eerste-tentoonstelling-fotos-fred-van-der-wal-in-de-bourgogne-2012/ ... hij heeft het over twin-towers en zo...

OBAblogs @OBAblogs 30 januari 11

Op facebook beweerde een mevrouw dat ik seniel ben: de zoveelste aanval op Fred van der Wal nu uit onverwachte hoek http://bit.ly/eCYdFW. Je hebt het einde van de toptweets voor Fred van der Wal bereikt. Resultaten voor Fred van der Wal

Heleen Hüpscher @helena_is_here 16 januari

"En Openlijke Toegestane Discriminatie"

teksten te vinden bij haatzaaier racist Fred van der Wal

http://fredvanderwal.wordpress.com/2013/01/16/vroeger-was-het-allemaal-anders-vanzelfs/ ...
OBAblogs @OBAblogs 17 december

Nieuwe #blogpost : FRED VAN DER WAL LEED VERWEKKEND, ZELDEN VERZACHTEND,NIEUWJAARSWENS VOOR 2013 EN VOLGENDE JAREN... http://bit.ly/12vbPi7

OBAblogs @OBAblogs 13 december

Nieuwe #blogpost : FRED VAN DER WAL 310000 DOWNLOADS BEREIKT DONDERDAG 13 DEC. 2012 OP BASIC PUBLISHING http://bit.ly/UWjMul

Robert Engel @Robert_Engel 29 november

Google op Afghaanse jas en je komt gewoon mijn grote vriend de kunste-naar Fred van der Wal tegen.

http://fredvanderwal.wordpress.com/2012/08/01/ik-was-altijd-al-een-tofferik-met-mijn-sigaret-afghaanse-jas-door-mila-gehaakte-mutsje/ ...
OBAblogs @OBAblogs 12 november

Nieuwe #blogpost : FRED VAN DER WAL, ARTI ET AMICITIAE 6 NOV 2012 FOTOGRAAF ONBEKEND

OBAblogs @OBAblogs 6 november

OBAblogs @OBAblogs 27 augustus

Nieuwe #blogpost : DEELNAME FRED VAN DER WAL "DUTCH SCENES" ARTI ET AMICITIAE OPENING 27 AUG. AMSTERDAM

Nieuwe #blogpost : AF TE STOTEN BKR-WERKEN FRED VAN DER WAL OP PAPIER WAARVAN MEERDERE EXEMPLAREN AAN-WEZIG INSTITUU... http://bit.ly/SvF6Fl

Mamamini Groningen @Mamamini_Gron 11 april

Wie wil er geen Fred van der Wal aan de muur? (retorische vraag, dus geen retweets svp). Mamamini Helpman pic.twitter.com/mdufGYgZ
New York Cornet @NewYorkCornet 29 februari 12

#newyork SALMAGUNDI ARTS CLUB NEW YORK SELECTEERT WERK ...: KUNSTSCHILDER FRED VAN DER WAL GESELEC-TEERD VOOR EXP... http://bit.ly/yGFa1Q

Willeke Meijer @LaReinaWilleke 27 juli 11

Fred van der Wal door LaReinaWilleke

http://www.mijnalbum.nl/GroteFoto-FF3WNMOR.jpg ... hangt in Frankrijk bij Fred thuis.

Tieme Hermans @tiemehermans 3 maart 11
Check mijn interview met de excentrieke kunstenaar Fred van der Wal in Vice Magazine van vandaag! http://bit.ly/dOjGIW

VICE @ViceNL 9 februari 11

Een interview met Fred van der Wal: pentekenaar, blogger, veelwijver, travestiet. http://bit.ly/gobfyV

OBAblogs @OBAblogs 30 januari 11

Op facebook beweerde een mevrouw dat ik seniel ben: de zoveelste aanval op Fred van der Wal nu uit onverwachte hoek

Kleine selectie Hateblogs tegen Fred van der Wal (wordt vervolgd)

juli 8, 2014

17 PAGINAS A 4 FORMAAT HATE BLOGS TEGEN FRED VAN DER WAL

Volkskrant Hatebloggers tegen Fred van der Wal

"Volkskrant Hatebloggers tegen Fred van der Wal".

TIJDENS DE JAREN VAN HET OPGEHEVEN VKBLOG VER-KLAARDEN DE ACADEMISCH. GEVORMDE ...Volkskrant Hate-bloggers tegen Fred van der Wal – Verhalen ...

http://www.basicpublishing.nl

3 sep. 2013 – dé verhalen- en gedichtensite van de Benelux! –...laatst nog toen heb ik een zeer vals spel gespeeld met Fred

http://www.basicpublishing.nl

17 aug. 2013 – ... een groot aantal hateblogs gericht tegen Isis Nedloni en Fred van der Wal. Fleur mailde in 2006 onder de schuilnaam Marion diverse malen ...

hateblog tegen underground artist fred van der wal mist target!

25

https://fredvanderwal.wordpress.com/.../hateblog-tegen-underground-arti…

14 feb. 2012 – Hateblog tegen Fred van der Wal (ruw gebolsterd, grof gebekt, keihard & swingend) GEPUBLICEERD DOOR GEPENSIONEERDE LERAAR …

9 sep. 2013 – MUSSERT STAAT MOOI VOOR LUL! door fredvanderwal

Hateblog tegen Fred van …tijdens de jaren van het opgeheven vkblog, maar ook daarna …

fredvanderwal.wordpress.com/.../tijdens-de-jaren-van-het-opgeheven-vk…

11 sep. 2013 – Ze met zijn allen "aangifte bij de polietsies tegen mij zouden doen" … De onzinnige hateblogs tegen Fred van der Wal zijn diverse malen …TIJDENS DE JAREN VAN HET OPGEHEVEN VKBLOG …

fredvanderwal.wordpress.com/.../tijdens-de-jaren-van-het-opgeheven-vk…

25 mei 2013 – 10 ZE MET ZIJN ALLEN "AANGIFTE BIJ DE POLIETSIES TEGEN MIJ … DE HATEBLOGS TEGEN FRED VAN DER WAL ZIJN DIVERSE …gefeliciteerd! fred van der wal terug op weblog bloginblik!

frederikwillemvanderwal.wordpress.com/.../gefeliciteerd-fred-van-der-w…

10 apr. 2011 – Hateblog tegen Fred van der Wal (ruw gebolsterd,grof gebekt, niet van … Fred van der Wal: Het oordelend vermogen van de auteur van het …

FRED VAN DER WAL TERUG OP WEBLOG BLOGINBLIK

frederikwillemvanderwal.wordpress.com/.../fred-van-der-wal-terug-op-w...

9 apr. 2011 – Hateblog tegen Fred van der Wal (ruw gebolsterd, grof gebekt, niet van hout, hart van klatergoud) onder de twijfelachtige titel "Bralmans ...

frederikwillemvanderwal.wordpress.com/2011/04/page/4/

http://www.basicpublishing.nl/index.php?page=show&id=58272

8 apr. 2011 – FRED VAN DER WAL TERUG OP WEBLOG BLOGINBLIK

Hateblog van Frans Muthert tegen Fred van der Wal onder de twijfel-achtige titel ...Fred van der Wal : Een kunstartiest om een punt aan te ...

22 nov. 2012 – Fred van der Wal : Een kunstartiest om een punt aan te zuigen & in een ... nog steeds drie hateblogs tegen mij op haar web shack heeft staan.

FRED VAN DER WAL TERUG OP WEBLOG BLOGINBLIK Hateblog tegen Fred van ... uitgekotst door Bloginblik", EEN HATEBLOG van een hoog Telegraaf nivo, ...

"Fred van der Wal terug op BlogInBlik" – BasicPublishing.nl

basicpublishing.nl/.../58272_fred_van_der_wal_terug_op_bloginblik.pd ...

31 mrt. 2011 – Hateblog van Frans Muthert tegen Fred van der Wal onder de twijfelachtige ... Maandenlang mocht ie (Fred van der Wa)l, wegens gebrek aan ...

Fredvanderwal's Weblog | Just another WordPress.com ...

https://fredvanderwal.wordpress.com/page/95/

Het zal de lezer niet verwonderen dat Fred van der Wal bij voorkeur zijn kennissen ..... DE HATEBLOGS TEGEN FRED VAN DER WAL ZIJN DIVERSE MALEN ...

frederikwillemvanderwal.wordpress.com/2011/04/page/3/

16 apr. 2011 – De titel van het intervjoe met Fred van der Wal "Kijk uit! ... Tags: fred van der wal terug op weblog bloginblik Hateblog tegen Fred van der Wal ...

Vers van de Pers : Onafhankelijke Bloggers Associatie

FRED VAN DER WAL TERUG OP WEBLOG BLOGINBLIK Hateblog tegen Fred van der Wal (ruw gebolsterd, grof gebekt) GEPUBLICEERD DOOR ...

28 mrt. 2014 – ....en dat die Fred van der Wal toevallig ook in de Nieuwe ... drie of vier hateblogs tegen mij schijnt te hebben gepubliceerd naar ....

onafhankelijke-bloggers-associatie.nl/category/vers-van-de.../671/?...

Hateblog tegen Fred van der Wal (ruw gebolsterd, grof gebekt, keihard & swingend) GEPUBLICEERD DOOR GEPENSIONEERDE SCHOOL-MEESTER onder ...

14 feb. 2012 – Hateblog tegen Fred van der Wal (ruw gebolsterd, grof gebekt, keihard ... Fred van der Wal: Namen noemen van fora die mij zouden hebben ...

weblogster fleur bekent: ".......laatst nog toen heb ik een ...

fredvanderwal.wordpress.com/.../weblogster-fleur-bekent-laatst-nog-toen...

19 aug. 2013 – ... te publiceren op het VKweblog, een groot aantal hateblogs gericht tegen Isis Nedloni en Fred van der Wal. Fleur mailde in 2006 onder de...

28

hoe harder je er in knijpt des te roder je nagels…u bent …

fredvanderwal.wordpress.com/…/hoe-harder-je-er-in-knijpt-des-te-roder-
…

23 mei 2013 – DE HATEBLOGS TEGEN FRED VAN DER WAL ZIJN
DIVERSE MALEN GEPUBLICEERD ONDANKS MIJN VRIENDE-
LIJKE & BELEEFDE …

WEBLOGSTER FLEUR BEKENT: "…….LAATST NOG TOEN …"

fredvanderwal.wordpress.com/…/weblogster-fleur-bekent-laatst-nog-
toen…

17 aug. 2013 – … haar mallotige nonsens te publiceren op het VKweblog,
een groot aantal hateblogs gericht tegen Isis Nedloni en Fred van der Wal.
Fleur…

1 apr. 2014 –Hateblogs en hatemail bereikten mij bij bakken.

fredvanderwal.wordpress.com/2012/02/page/4/

15 feb. 2012 – HATEBLOG TEGEN UNDERGROUND ARTIST FRED
VAN DER WAL … FRED VAN DER WAL OP WEG NAAR DE
300000 DOWNLOADS EN …

therataal.wordpress.com/2011/02/26/lieve-geert-jan/

26 feb. 2011 – GJB kon zelf heel slecht tegen kritiek. … Fred van der Wal
Zegt: … hij gedroeg zich uiterst correct en zakelijk tegen mij zeker …. In
een enkel geval werden uitvoerige hate blogs getolereeerd, waarvan ik
enkele in kopie heb …

Afbeeldingen van HATEBLOGS TEGEN FRED VAN DER WAL

Meer afbeeldingen voor HATEBLOGS TEGEN FRED VAN DER WAL

Vers van de Pers : Onafhankelijke Bloggers Associatie

onafhankelijke-bloggers-associatie.nl/category/vers-van-de.../293/?...

19 aug. 2013 – ... toen heb ik een zeer vals spel gespeeld met fred van der wal" (deel ... groot aantal hateblogs gericht tegen isis nedloni en fred van der wal.

frederikwillemvanderwal.wordpress.com/page/10/

12 apr. 2011 – De titel van het intervjoe met Fred van der Wal "Kijk uit! ..... Hateblog tegen Fred van der Wal (ruw gebolsterd, grof gebekt, niet van hout, hart van ...

Fred van der Wal – Aan wie ik mij verwant voel als elitaire ...

Gotzijdank geen enkele, want dan zou ik net zo'n oninteressante conformist zijn als bijv. de zeldzaam arrogante altoos glimlachende Rotterdamse Rommert Boonstra

http://www.basicpublishing.nl/index

Beetje kinderachtig dat de reactie van dat schrijverke Fred van der Wal .... mij niet bekende mevrouw publiceerde in juli 2010 drie hate blogs tegen mij waar ik in.

En komt er witte rook uit het pijpje...een reactiedraad

http://www.basicpublishing.nl/index.

17 feb. 2011 – fred van der wal zegt: ... Een mij niet bekende mevrouw publiceerde in juli 2010 drie hate blogs tegen mij waar ik in belachelijk werd gemaakt ...

MENS : Onafhankelijke Bloggers Associatie

onafhankelijke-bloggers-associatie.nl/category/mens/page/18/?...6

... spel gespeeld met fred van der wal" (deel 5) dunya zegt: februari 24, 2009 ingrid, ... een groot aantal hateblogs gericht tegen isis nedloni en fred van der wal.

Vers van de Pers : Onafhankelijke Bloggers Associatie

onafhankelijke-bloggers-associatie.nl/category/vers-van-de.../269/?...19

19 aug. 2013 –.... een groot aantal hateblogs gericht tegen isis nedloni en fred van der wal.

Vers van de Pers : Onafhankelijke Bloggers Associatie

onafhankelijke-bloggers-associatie.nl/category/vers-van-de...

19 aug. 2013 –.... een groot aantal hateblogs gericht tegen isis nedloni en fred van der wal.

fred van der wal 350000 downloads bereikt vrijdag 13 juni ...

fredvanderwal.wordpress.com/.../fred-van-der-wal-350000-downloads-b...

14 jun. 2014 – Fred van der Wal: Ik heb F. M. nooit een mail gestuurd, omdat ik niet zou .... Een odyssee van tegen de 100 afleveringen voor de jonge collega en de .... onzinnige hateblogs aan mij gewijd door zijn echtgenote nog steeds op ...

voorbeelden van overlast op vkblog 2007-2012 door fleur ...

fredvanderwal.wordpress.com/.../voorbeelden-van-overlast-op-vkblog-2...

22 aug. 2013 – Ze dient behandeld te worden en tegen zichzelf en anderen

... Fred van der Wal...ik heb hem uitgemaakt voor vieze ouwe man...en

31

ook gezegd dat .... en niet kunnen verhinderen dat moekie onzinnige hate-blogs tegen mij ...

Wat schreef hij dan ? | Kblog

http://www.kblog.nl/2011/04/wat-schreef-hij-dan/

1 apr. 2011 – Muthert heeft al heel lang bezwaren tegen mij. ... Ik vind het niet verdedigbaar als de vrouw van iemand hate blogs schrijft over iemand die ... Fred.

Fred van der Wal says: 09/04/2011.

Inmiddels ben ik al weer enige ...

Oplaaiende flame war tegen Fred van der Wal laatste ...

https://fredvanderwal.wordpress.com/.../oplaaiende-flame-war-tegen-fred…

20 apr. 2011 – Oplaaiende flame war tegen Fred van der Wal laatste stuiptrekking Vkblog .... hateblogs van je echtgenote aan mijn adres, ze zullen er nog wel ...

En komt er ook nog witte rook uit m'n pijpje ...

https://fredvanderwal.wordpress.com/.../en-komt-er-ook-nog-witte-rook-…

25 apr. 2011 – ... toch ook bijn niet missen, publiceerde in juli 2010 drie hate blogs tegen mij waar ... Met een vriendelijke groet van één van de door de heer van der Wal ...

fred van der wal zegt:

De op niets gebaseerde hetze tegen mij van een groep apestaartjebeuke-nootblog bloggers is ook hier helaas door gedrongen.

teksten fred van der wal die niet door de censuur vkblog …

fredvanderwal.wordpress.com/…/teksten-fred-van-der-wal-die-niet-door-
…

26 dec. 2013 – de rampetampende artiest fred van der wal …. Schandalige hateblogs zijn door deze Mevrouw aan mij gewijd en ondanks een … zijn huis, dat kon niet want zijn lieve vrouwtje had onoverkomelijke bezwaren tegen mij en naar …

John Wayne zei: 'Real men don't dance'. I really do agree …

fredvanderwal.wordpress.com/…/john-wayne-zei-real-men-dont-dance-i-
…

31 jan. 2014 – Op vragende toon herhaalt hij:'Fred van der Wal? … Je komt tegenwoordig zoveel kunst van andere landen tegen in de galeries, dat wil je niet weten! …. mij met de mededeling dat de hateblogs van zijn echtgenote verwijderd …

9 aug. 2013 – fred van der wal, couloutre –

vrijdag, 7 april 2006 … U dient te beseffen dat Uw hateblogs tegen mij niet in Uw voordeel zouden kunnen werken …

EEN POGING OM FRED VAN DER WAL TE …

fredvanderwal.wordpress.com/…/een-poging-om-fred-van-der-wal-te-ve…

15 jan. 2012 – Een verslag van een hetze tegen Fred van der Wal. nrcnext. …… hate blogs aan mij te wijden, die werden getolereerd op het VKblog. Het heeft …

ELKE KEER ALS IK DE FRIESE VLAG ZIE MOMPEL IK …

fredvanderwal.wordpress.com/.../elke-keer-als-ik-de-friese-vlag-zie-mo...

26 jan. 2013 – Fred van der Wal 16-02-2011 09:57 ... ondersteund door drie onzinnige, technisch slecht geschreven hateblogs tegen mij door zijn echtgenote.

https://fredvanderwal.wordpress.com/page/68/

19 aug. 2013 – Kijk, nu acteert F. de F (Fred van der Wal wordt hier bedoeld door van Veen) ... aantal hateblogs gericht tegen Isis Nedloni en Fred van der Wal.

anti held & underground kunstenaar omstreden in de ...

https://fredvanderwal.wordpress.com/.../anti-held-underground-kunstena…

14 feb. 2012 – Eén ding is zeker; de van der Wal zal het schip wel weer keren als hij van .... HATEBLOG TEGEN UNDERGROUND ARTIST FRED VAN DER ...Bijkans onpasselijk werd ik bij het afscheid van het VKblog ...

27 dec. 2013 – Fred van der Wal:

Bedanken? ... Schandalige hateblogs zijn door Mevrouw M. aan mij gewijd en ... GJB kon zelf heel slecht tegen kritiek.

Fred van der Wal:

Bijkans Onpasselijk Werd Ik Bij Het Afscheid – Verhalen ...

onze geliefde auteur fred van der wal met vierde boek in 2013

fredvanderwal.wordpress.com/.../onze-geliefde-auteur-fred-van-der-wal-
...

5 apr. 2013 – FOTO FRED VAN DER WAL 5 APRIL 2013. … In de uitwisseling van reacties met GP stond het al snel 10 tegen nul in mijn voordeel … VKblogger meende drie buitengewoon slecht geschreven hate blogs aan mij te moeten …

fred van der wal gegevens biografie.nl (voer voor …

fredvanderwal.wordpress.com/…/fred-van-der-wal-gegevens-biografie-n…

5 aug. 2013 – fred van der wal

gegevens biografie.nl (unabridged) 1# wanneer en waar … jaar niet gezien. Ze waren er tegen dat ik ging schilderen en wilden geen …. het in haar malle hoofd haalde drie idiote hate-blogs aan mij te wijden.

weblogterrorist & guerillero met sombrero vol espresso over …

fredvanderwal.wordpress.com/…/weblogterrorist-guerillero-met-sombrer…

29 aug. 2011 – FRED VAN DER WAL: GEEN GESIJK, IK HEB ALTIJD GELIJK LIEF … (HET HATEBLOG VAN DIE MEVROUW VAN TROJE TEGEN MIJ IS AL …

doodsangst therapie voor webloggende zenuwelijders van …

fredvanderwal.wordpress.com/…/doodsangst-therapie-voor-webloggend…

13 feb. 2013 – Fred van der Wal

(vrijetijds pastoraal werker en hand oplegger, pis- en koffiedik kijker … hatebloggers onder ons en steek daarom van van der Wal. …

Confessies van een simpele kunstenaarsziel …

fredvanderwal.wordpress.com/…/confessies-van-een-simpele-kunstenaars…

22 jun. 2014 – Potloodtekening Fred van der Wal 1983 uit een auto-biografiese serie …. mij en enkele anderen lastig te vallen met hateblogs, gelul en geleuter. …

17 aug. 2011 – Helena:

Fred van der Wal is nogmaals aan het verdraaien en aan het liegen! …

Leugens aantoonbaar waren tegen een beloning van een kunstwerk van … echtgenote van Kokopelli schreef drie schandalige hateblogs over mij …

download – BasicPublishing.nl

http://www.basicpublishing.nl/index.php?page=getpdf&id=63244

28 aug. 2011 – Weblogterrorist & guerillero FRED VAN DER WAL , slechts een … (HET HATEBLOG VAN DIE MEVROUW VAN TROJE TEGEN MIJ IS AL IN …

Weblogterrorist & guerillero met sombrero vol espresso

29 aug. 2011 – Weblogterrorist & guerillero FRED VAN DER WAL , slechts een … (HET HATEBLOG VAN DIE MEVROUW VAN TROJE TEGEN MIJ IS AL IN …

als post beat neo punk auteur van het dirty realism zeg ik …

https://fredvanderwal.wordpress.com/…/als-post-beat-neo-punk-auteur-v…

27 jun. 2012 – … VAN HET DIRTY REALISM ZEG IK, FRED VAN DER WAL LOUD & CLEAR… … Zijn betoog tegen mij heb ik in het verleden voldoende ontkracht. … In principe reageer ik niet op die meneer zijn hateblogs tav mijn werk en …

bedank- en afscheidsmail vkblog moderatrice m. mooi gebaar

12 sep. 2011 – Halverwege de trap kwam ik ex-klasgenoot Leo M. tegen.

.... WAAR FRED VAN DER WAL KOMT DAAR KOMT GEEN
RUZIE (DEEL 7)In ...

Helena's onjuiste, simpele visie op het verzet WO II DEEL 1

22 aug. 2011 – Helena: Fred van der Wal is nogmaals aan het verdraaien
en aan het liegen! ... leugens aantoonbaar waren tegen een beloning van
een kunstwerk van mijn ... De echtgenote van Kokopelli schreef drie
schandalige hateblogs ...

Mogen we eventjes evalueren? Wat zien wij in de softe tonen?

http://www.basicpublishing.nl/.../78021_mogen_we_eventjes_evalueren_
wat_…

Is dit narcisme of niet? Een dubbel zelfportret van Fred van der Wal, die
als ... anderen lastig te vallen met hateblogs. En ook Jezzebel zal er ...
Het was met de wonderschone Mila. Een dame die ik in 1985 weer tegen
kwam op Arti en even ...

"Voortaan laat ik mij door Bokito interviewen"

http://www.basicpublishing.nl/.../60480_voortaan_laat_ik_mij_door_boki
to_i…

dwars heeft als haarloze aap met zijn ritsloze nummer en zijn gekkenbriefje" zegt Fred van der Wal, ooit omschreven als de meest gehate ... de
tegen aanval tegen mij te gaan met andermans woorden en declameren dat
ik ... Die hate blogs?

Oplaaiende Blog gevechten op VKblog aankondiging ...

20 apr. 2011 – Fred van der Wal: ER STOND NIETS ANDERS KOKO-
PELLI. … hateblogs van je echtgenote aan mijn adres, ze zullen er nog
wel met … Ik heb daar altijd mij tegen verzet, de oplichterspraktijken in
artiestenland en het heeft mij …

Mogen we eventjes evalueren? Wat zien wij – Verhalen …

21 jun. 2014 – Een dubbel zelfportret van Fred van der Wal, die als poly
interpretabele … van Veen om Isis, mij en enkele anderen lastig te vallen
met hateblogs. … H. Een dame die ik in 1985 weer tegen kwam op Arti
en even mee op trok.

Voortaan laat ik mij door Bokito interviewen – Verhalen …

10 jun. 2011 – … zijn gekkenbriefje" zegt Fred van der Wal, ooit omschreven als de meest gehate kunstschilder van realistisch schilderend
Nederland. … Freek de Jonge imiteren om openlijk in de tegen aanval
tegen mij te … Die hate blogs?

helena heeft een onjuiste visie op het verzet wo ii (deel 1)

https://fredvanderwal.wordpress.com/…/helena-heeft-een-onjuiste-visie-
o…

22 aug. 2011 – Helena:

Fred van der Wal is nogmaals aan het verdraaien en aan het liegen! …
leugens aantoonbaar waren tegen een beloning van een kunstwerk van
mijn … De echtgenote van Kokopelli schreef drie schandalige hateblogs
…

waarschuwing! mijn naam en avatar worden misbruikt door …

https://fredvanderwal.wordpress.com/…/waarschuwing-mijn-naam-en-
av…

15 feb. 2012 – Je hebt het er maar druk mee Fred, komt deze onzin niet te

38

veel tussen jou en je kunst? ... Daar is geen kruid tegen gewassen. ... slip springen en uit roeien gaan met zo;n interessante kunstartiest als die Fred van der Wal en ... praatjes, hatemails, sabotage acties, wenken voor de jongste dag en hateblogs.

van kwaad tot erger. vkblog vijandschappen vertroebelden ...

fredvanderwal.wordpress.com/.../van-kwaad-tot-erger-vkblog-vijandsch...

30 dec. 2013 –Fred van der Wal owns a house in France and in the Ne-

therlands near the sea. .... verhindert hen niet om mij regelmatig lastig te vallen met hateblogs.

anti-fred van der wal reacties van anonieme weblogger deel 6

fredvanderwal.wordpress.com/.../anti-fred-van-der-wal-reacties-van-ano...

10 mei 2012 –Fred van der wal:

anonieme hatemails en niet ter zake doende reacties op ...

Fred van er Wal meteen stront met friese kunstartiesten in 1978 als ex ...

fredvanderwal.wordpress.com/.../meteen-stront-met-friese-kunstartiesten-...

3 jul. 2013 – bbk brief aan fred van der wal 550 .... op het weblog stuurde mij anoniem via een Proxyserver enkele hate blogs naar mij op.

Fredvanderwal's Weblog | Just another WordPress.com ...

fredvanderwal.wordpress.com/page/33/?archives-list&archives-type...

1 jan. 2014 – De zelfspot in de duizenden weblogs van Fred van der Wal, met als onderwerpen ….. Schandalige hateblogs zijn door Mevrouw M. aan mij gewijd en …

Oudere berichten – Fredvanderwal's Weblog – WordPress.com

fredvanderwal.wordpress.com/page/337/?archives-list&archives-type…

28 apr. 2011 – Het wordt een verslag van het verrotte leven van Fred van der Wal …… niet missen, publiceerde in juli 2010 drie hate blogs tegen mij waar ik in …

28 dec. 2013 – VERBODEN TEKSTEN FRED VAN DER WAL GE-CENSUREERD DOOR CHEF INTERNET ….

Schandalige hateblogs zijn door Mevrouw M. aan mij gewijd en ondanks …

onafhankelijke-bloggers-associatie.nl/category/vers-van-de…/202/?…

19 aug. 2013 –…. een groot aantal hateblogs gericht tegen isis nedloni en fred van der wal.

19 aug. 2013 – … spel gespeeld met fred van der wal" (deel 14) (daar dunya van veen …. groot aantal hateblogs gericht tegen isis nedloni en fred van der wal.

Fred van der Wal met 8 verhalen in de Top 10 Goldmember Verhal ….. het vkweblog, een groot aantal hateblogs gericht tegen isis nedloni en fred van der wal.

FRED VAN DER WAL TERUG OP WEBLOG BLOGINBLIK Hateblog tegen Fred van … uitgekotst door Bloginblik", EEN HATEBLOG van een hoog Telegraaf nivo, …

ZEEFDRUK 1974 FRED VAN DER WAL BIJ MISJA EN ROBIN AAN DE MUUR ..... een groot aantal hateblogs gericht tegen isis nedloni en fred van der wal.

Extase kent geen geslacht – BasicPublishing.nl

http://www.basicpublishing.nl/pdfs/76784_extase_kent_geen_geslacht.pdf

Dáárom was de man anti Isis Nedloni en anti Fred van der Wal en die schijnheilige ... van Veen om Isis, mij en enkele anderen lastig te vallen met hateblogs.

Vers van de Pers : Onafhankelijke Bloggers Associatie

... pseudoniemen om haar mallotige nonsens te publiceren op het vkweblog, een groot aantal hateblogs gericht tegen isis nedloni en fred van der wal. Fleur [...] ...

onafhankelijke-bloggers-associatie.nl/category/mens/persoonlijk/.../10/?...

19 aug. 2013 – ... spel gespeeld met fred van der wal" (deel 12) (daar dunya van veen ... groot aantal hateblogs gericht tegen isis nedloni en fred van der wal.

FRED VAN DER WAL TERUG OP WEBLOG BLOGINBLIK Hateblog tegen Fred van ... uitgekotst door Bloginblik", EEN HATEBLOG van een hoog Telegraaf nivo, ...

academici kijken neer op beeldende kunstenaars en daar ...

fredvanderwal.wordpress.com/.../academici-kijken-neer-op-beeldende-k...

19 nov. 2013 – Fred van der Wal

Ik zou ze de hele dag wel willen hebben ,ook in de tram en trein maar je stoot overal tegen aan... 24 oktober om 9:03 • Vind ik ...

ze zeggen geld brengt geen geluk. ik geloof daar niets van!

fredvanderwal.wordpress.com/.../ze-zeggen-geld-brengt-geen-geluk-ik-g...

19 jun. 2013 – Marina kwam ik tegen op de opening van een expositie in het CBK. ... Dat krijg je als je Fred van der Wal ter wille bent, dat moet verkeerd uit ... toen een echtgenote van een academicus drie hate blogs aan mij gewijd vol onzin.

fredvanderwal.wordpress.com/page/33/

30 dec. 2013 – Huub Mous, ex consulent beeldende kunst die op veel tegenstand kon ... Fred van der Wal owns a house in France and in the Netherlands near the sea. ..... Schandalige hateblogs zijn door Mevrouw M. aan mij gewijd en ...

ik zie u wel vermoeide fietser in de stoffige binnenstad van ...

fredvanderwal.wordpress.com/.../ik-zie-u-wel-vermoeide-fietser-in-de-st...

2 jun. 2013 – Een doorgewinterde levensgenieter die Fred van der Wal. ... Dat soort piepel meent hateblogs aan mij te kunnen wijden zonder reper- cussies. .... En dan komt het bij links altijd neer op: wij zij tegen geweld in intolerantie, wie ...

De dood in zijn woning gevonden Bruin van der Kroggenbal is hier het laatst in ..... FRED VAN DER WAL TERUG OP WEBLOG BLOGINBLIK Hateblog tegen ...

20 aug. 2013 – … spel gespeeld met fred van der wal" (deel 19) (daar dunya van veen ….. groot aantal hateblogs gericht tegen isis nedloni en fred van der wal.

19 aug. 2013 – Omdat ik tegen Israël ben en dan met name het Zionistisch …. een groot aantal hateblogs gericht tegen isis nedloni en fred van der wal.

19 aug. 2013 –…. een groot aantal hateblogs gericht tegen isis nedloni en fred van der wal.

Inhoud elfde boek fenomeen fred van der wal (genie) 2013. wat ….. op het vkweblog, een groot aantal hateblogs gericht tegen isis nedloni en fred van der wal.

onafhankelijke-bloggers-associatie.nl/category/vers-van-de…/815/?…

FRED VAN DER WAL TERUG OP WEBLOG BLOGINBLIK Hateblog tegen Fred van … uitgekotst door Bloginblik", EEN HATEBLOG van een hoog Telegraaf nivo, …

….. FRED VAN DER WAL TERUG OP WEBLOG BLOGINBLIK Hate blog

Ik dacht dat ik daar vrienden had, wat is er vredelievender dan een kudde schapen? … Hateblog tegen Fred van der Wal (ruw gebolsterd, grof gebekt, keihard …

Oudere berichten – Fredvanderwal's Weblog – WordPress.com

29 aug. 2011 – FRED VAN DER WAL: GEEN GESIJK, IK HEB AL-TIJD GELIJK … (HET HATEBLOG VAN DIE MEVROUW VAN TROJE TEGEN MIJ IS AL IN …

Extase kent geen geslacht. (deel 1) – Verhalen schrijven …

24 feb. 2014 – Dáárom was de man anti Isis Nedloni en anti Fred van der Wal en die … Veen om Isis, mij en enkele anderen lastig te vallen met hateblogs.

Kies always voor de Bright Side of Life (deel 1) – writehi(s …

Soms kom je iets tegen wat je graag onder de aandacht wilt brengen. ….. FRED VAN DER WAL TERUG OP WEBLOG BLOGINBLIK Hateblog tegen Fred van der …

Kies always voor de Bright Side of Life (deel 1) – Verhalen …

2 nov. 2013 – Dáárom was de man anti Isis Nedloni en anti Fred van der Wal en die … Veen om Isis, mij en enkele anderen lastig te vallen met hateblogs.

dubbel naakt zelfportret potloodtekening (1981) als lellebel …

Oudere berichten – Fredvanderwal's Weblog – WordPress.com

21 apr. 2011 – Hij is druk bezig met zijn hetze tegen jou (Fred van der Wal) aan te ….. hateblogs van je echtgenote aan mijn adres, ze zullen er nog wel met …

04/08/11–23:43: …. Hateblog tegen Fred van der Wal (ruw gebolsterd, grof gebekt, niet van hout, hart van klatergoud) onder de…

https://fredvanderwal.wordpress.com/page/89/

Een doorgewinterde levensgenieter die Fred van der Wal. … Dat soort piepel meent hateblogs aan mij te kunnen wijden zonder repercussies.

18 aug. 2013 – . ….. te publiceren op het vkweblog, een groot aantal hateblogs gericht tegen isis nedloni en fred van der wal.

… pseudoniemen om haar mallotige nonsens te publiceren op het vkweblog, een groot aantal hateblogs gericht tegen isis nedloni en fred van der wal. Fleur […] …

fred van der wal 23-07-2010

Dear Isis Lief Ik denk dat het …

Reactie fredvanderwal zegt: 31 maart 2011

Onzin, het waren hateblogs.

14 sep. 2011 – Soms kom je uitgerangeerde academici tegen die mij met hun …. Wie heeft er wat op een behahaha man tegen? …. terug hoe ik haar aankondiging waardeerde en de drie hateblogs op WordPress …. Fred van der Wal zegt: Dáárom was de man anti Isis Nedloni en anti Fred van der Wal en die schijnheilige … van Veen om Isis, mij en enkele anderen lastig te vallen met hateblogs.

helenaishere.wordpress.com/…/bloeddruppels-op-zijn-laptop-swaffelend-
…

25 jun. 2012 – Nee, hij, the One and Only Fred van der Kwal, gaat om geld vragen … door Fred van der Wal zelf op zijn wordpressblog jegens mij en anderen.

Nogmaals, alle bewijzen tegen Fred van der Wal zijn aanwezig beweert Krutslo…

http://www.basicpublishing.nl/…/77338_nogmaals_alle_bewijzen_zijn_a anwez…

1967 – in or before … Uitzicht op flat: Bijlmermeer, Fred van der Wal, 1974 – Rijksmuseum … kritikasters onder de … Friese kunstenaars actie tegen Fred van der Wal – Plazilla.com … der wal) – Laatste Bijdragen vblog.nl/finalrelease/blog.php?

fred van der wal | Helena is here

https://helenaishere.wordpress.com/tag/fred-van-der-wal/

4 jul. 2012 – Berichten over fred van der wal geschreven door helena. … wederom 112: (tegen de belster): mevrouw we komen er nu echt aan, opent u de voordeur maar vast! … Daar moet en zal hij morgen een blog over schrijven!

Tussen Kuns en Kiets met van der Wal | off-topic

offtopicorg.wordpress.com/2013/…/tussen-kuns-en-kiets-met-van-der-w…

21 nov. 2013 – Fred verteld iets over zichzelf: Als veelkliederaar en poly-gaam … Vandaag bij off-topic een gesprek zonder al te veel vragen met groot kunstenaar F. van der Wal. … Dit bericht werd geplaatst in Blog-gen, erotiek, Kunst, Persoonlijk, satire …. sjoechel,laat ie oplazeren met zijn kul krijgt iedere kunstenaar tegen …

Vkblog.nl archief: fredvanderwal (fred van der wal)

vblog.nl/finalrelease/blog.php?ID=4531

FRED VAN DER WAL OP WEG NAAR DE 300000 DOWNLOADS, 7 reacties, 2011-08-20 …. VOOR MIJ GEEN BLOGGERS REUNIE. …

Kom de talentloze (tekenleraar) artistieke haarbal Hank tegen in de gang, 0 reacties, 2011-08-01.

fred van der wal gestalkt door artiest Krudzlo – Bloggers.nl

http://www.bloggers.nl/fredvanderwal/…/fred+van+der+wal+gestalkt+door+arti…

23 dec. 2011 – 11-2-2011 fred van der wal • Krietak (Geen onderwerp) …

S.M. is gereglementeerd en al staat het je nog zo tegen, als het op basis van...

EEN POGING OM FRED VAN DER WAL TEPimpblog.nl. – ...

http://www.pimpblog.nl/fredvanderwal

;8230EEN+POGING+OM+FRED+VAN+&#

Website- nrcnext.nl Wal. der van Fred tegen hetze een van verslag Een een voor koop te kelders uit Kunst 2007-07-04 Nieuws 2010-2001 archief ... Door euro

... de kwam swaffelend laptop, zijn op Bloeddruppels

helenaishere.wordpress.com/.../bloeddruppels-op-zijn-laptop-swaffelend-...

om gaat Kwal, der van Fred Only and One the hij, Nee, – 2012 jun. 25 jegens wordpressblog zijn op zelf Wal der van Fred door ... vragen geld anderen. en mij

a_njiz_nezjiweb_ella_slaamgon_77338http://www.basicpublishing.nl/.../ ;8230anwez&#

1967

here is Helena | wal der van fred

https://helenaishere.wordpress.com/tag/fred-van-der-wal/

– 2012 jul. 4

off-topic | Wal der van met Kiets en Kuns Tussen

-red-nav-tem-steik-ne-snuk-nessut/.../2013offtopicorg.wordpress.com/ w...

en veelkliederaar zichzelf:Als over iets verteld Fred – 2013 nov. 21

… polygaam

groot met vragen veel te al zonder gesprek een off-topic bij Vandaag
… Wal. der van F. kunstenaar

satire Persoonlijk, Kunst, erotiek, Bloggen, in geplaatst werd bericht Dit
tegen kunstenaar iedere krijgt kul zijn met oplazeren ie laat sjoechel, ….
…

7 DOWNLOADS, 300000 DE NAAR WEG OP WAL DER VAN FRED
… REUNIE. BLOGGERS GEEN MIJ VOOR …. 20-08-2011 reacties,
gang, de in tegen Hank haarbal artistieke (raarelneket) talentloze de Kom
.01-08-2011 reacties, 0

Bloggers.nl – Krudzlo artiest door gestalkt wal der van fred

http://www.bloggers.nl/fredvanderwal/…/fred+van+der+wal+gestalkt+do
;8230or+arti&#

23onderwerp(neeG) Krietak • wal der van fred 2011-2-11 – 2011 dec. …
S.M. is gereglementeerd en al staat het je nog zo tegen, als het op basis
van…

EEN POGING OM FRED VAN DER WAL TE Pimpblog.nl – …
http://www.pimpblog.nl/fredvanderwal/…/EEN+POGING+OM+FRED+
;8230VAN+&#

Website- nrcnext.nl Wal. der van Fred tegen hetze een van verslag Een
een voor koop te kelders uit Kunst 2007-07-04 Nieuws 2010-2001 archief
… Door euro

Kblog | ? dan hij schreef Wat

/nad-jih-feerhcs-taw/04/2011http://www.kblog.nl/

was dat en ander, een over blog een schreef Muthert Frans – 2011 apr. 1
... mij. tegen bezwaren lang heel al heeft Muthert ... verhaal. fris geen

al ik ben Inmiddels .20:50 at 2011/04/09 says: Wal der van Fred Fred.
... terug dagen enige weer

iedereen tegen ik zeg Dat .... Wal der van Fred van Avatar – 2011 feb. 15
... is. toepassing van dit wie op

– Blogpagina Mijn

weblog een uit blijkt Nu ... tegen. naam mijn ik kwam verbazing mijn Tot
karakterisering een van voorzag me Wal der van Fred dat Mous Huub van
... als, 'de

writehi)s(– ... boonstra henriet en rommert namen de

10486http://www.writehistory.be/?p=verhaal&id=

de naar af soort gangbare algemeen die van exemplaar een er zakt Soms
vreem- een is genegen altijd mildheid zijn in die Wal, der van Fred met ...
is uitingen verbale mijn en mij tegen heeft bezwaren Wie ... die deling,
zegt of omzien ik moet blogs welke Naar ... adres. goede het aan mij bij
... fred uit! zelf lekker het zoek uwer:

... veelkoppig een kunst, abstracte De – Wal der van Fred

leev+nee+,tsnuk+etcartsba+eD_15969309fredvanderwal.exto.org/blog.../
...

die tegen bezweringen Voedoe masker zijn achter van hij roept Achteloos
uit blijft vuur hemels Het Verstand. Gezond Het stander; tegen honende
.... pikt en spotvogel als Wal der van Fred adelaar de komt avond elke en

sneepO" hier(. eiz) Volkskrant De bij blog een heeft Hij – 2010 apr. 23
.08:52 @ 2010 april 24 — wal der van fred van Reactie .... niet ik kon
... heeft lang Jaren

lezerschrijft

De 'zwarte weduwe' en de website – nrc.nl

weblogs.nrc.nl/lezerschrijft/2007/03/31/23/

bier.blog.nl › Biersoorten › Bokbier

28 sep. 2011 – FRED VAN DER WAL. DE UIVER … Word jij de nieuwe Bierblogger van Blog.nl?

28 jan. 2011 – De blogs zijn veilig… … Fred van der Wal 29 januari 2011 om 09:45 … De oppositie die Ina D. voerde tegen het VKblog vond ik niet verstandig

18 feb. 2012 –FRED VAN DER WAL says: …. Onafhankelijke Bloggers Associatie …

Overleg:Fred van der Wal – Wikipedia

wiki.verkata.com/nl/wiki/Overleg:Fred_van_der_Wal

16 jan. 2012 – Uit de laatste zin van het artikel over Fred van der Wal is de zin dat de … Michiel Nijhoff Aan fred van der wal Hotmail Interactieve weergave 1 bijlage (839,0 kB) ….. Als iemand Wikipedia gebruikt op zijn blog (voor de verkoop), …

23 feb. 2008 – Ik ben een tegenfiguur voor de academie. … Avatar van fred van der wal …

31 jul. 2013 – Fred van der Wal. Duidelijk. … Dag Fred,. Bedankt voor je reactie. Ik zal de komende maanden, voordat …

http://www.daanwesterink.nl/blog/?p=1556

27 jun. 2008 – Fred van der Wal schept een obscene fantasiewereld, maar fantaseren en … http://www.volkskrantblog.nl/bericht/173528 ☐

10 feb. 2014 – Le Roi danse fred van der wal fred van der wal tonnie Le Roi danse tonnie Ina Dijstelberge Le Roi danse tonnie nexus m. Fred Jelle.

21 dec. 2010 –…. Fred van der Wal op Dorrestein spint in Blokkade weer goud uit stro

☐ *Het aantal bezichtigingen van mijn Weblog gisteren108. Voor mij voldoende.*
elk boek 1, 2 of 3 exemplaren voorradig in mijn boekenkast. Verkoopcijfers? Vraag aan de HH uitgevers. Regelmatig een cheque van LuLu Com Publishing. Vanaf het begin van mijn liaison met mijn echtgenote financierde ik mijn activiteiten altijd met eigen geld, net zoals mijn andere privé uitgaven.

Grutte Pier:

Nu met MijnOBA heeft menigeen je achter -x-geplakt: zo die hoef ik niet meer te zien. Je recycling van hetzes is te sneu…

Fred van der Wal: Een opvatting over mijn bijdragen glijdt als water langs het verenpak van een vette eend. Aardig voor weer een weblogje.

HET WAS WERKELIJK HEEL ERG op het voormalige VKBLOG, dat een stroom aan schandalige weblogs en hate mail reacties publiceerde tegen mij vanaf 2006 (!).
Ik zal geen namen noemen maar het waren WEL stuk voor stuk (beroepswerkeloze) academici merkwaardig genoeg, die zoals bekend als lijders aan de ongeneeslijke ziekte AA (Academiese Arrogantie) geen verstand hebben van beeldende kunst, noch van kwaliteit wat literatuur betreft en een genie als Fred van der Wal over het hoofd zagen omdat zij altijd zwaar brillend met hullie zullie d'r bijziende verneukte neus in de vakboeken zaten te wurmen en urmen, dat kweekt nu eenmaal vanouds een bepaald tiepe mensen, lijders aan darmkolieken, spiegiese koewalen en stuitende stuipen, die daarmede in de tram en via het spoor veelal buiten

51

de goed sporende rails van de werkelijkheid staan als de seinen rood sein-
en, de noodseinen niet meer groen kunnen seinen en de overweg gesloten,
de sleutel gebroken en om die redenen niet gekerstend (de Heir der Heir-
scharen hebbe hun ziel) gefrustreerd en gebukt gaaande onder talloze
tegenslagen (Hij met een grote Ha straft onmiddellijk) door het leven (en
wat voor een bescheten leven, hou toch op, folks!) moeten roeien met
roeispanen als afgebroken pollepels zo groot, dus terecht dan ook geen
centimeter voor uit komen op de levens zeeën met golven tegen de kippen
op...oooh, als ik daar over moet beginnen (het leven is zo mooi op die
manier!) kan ik nog uren door gaan.

Wat hebben die dames en heren akkedemiesie anders meegemaakt dan
ingepamperd in een roze wolk van babytalkpoeder volgevreten, bewon-
derd door paps en mams op kosten van de belastingbetaler jaren lang te
freewheelen olv een of andere halluvve gare professor? Hou toch op zeg;
ik weet er toch alles van en zeg daar op...afvegen en doortrekken! Ik zou
wel anders willen maar ik kan helaas niet anders

ROMMERT BOONSTRA OVER FRED VAN DER WAL IN REACTIE
OP HET VKBLOG FRED VAN DER WAL

mei 29, 2012

ROMMERT BOONSTRA OVER FRED VAN DER WAL IN REACTIE
OP HET VKBLOG FRED VAN DER WAL

Dreigement Rommert Boonstra aan Fred van der Wal: " Er zijn echter
genoeg andere middelen om Fred van der Wal een lesje te leren"

DE "HEER" F.V.D.W 1

Geplaatst op 28-07-2007 door Rommert Boonstra

Een van de grootste internetvervuilers is Fred van der Wal. Dat hij smerige taal uitslaat interesseert me niets. Dat hij totaal waardeloos werk maakt laat me koud. Maar dat hij allerlei mensen met naam en toenaam de grond in probeert te boren (waaronder mij en mijn vrouw) is beneden alle peil.

Waarom kan zo'n man zolang ongestoord zijn gang gaan?

Omdat hij je nog harder de grond in gaat trappen als je reageert.

Zo kan hij rustig verder beledigen en leugens rondstrooien. Iedereen is doodsbenauwd.

Fred van der Wal geniet daarvan. Hij denkt zelfs dat hij grappig is. Ik stel voor om iets te doen.

Als veel mensen hem mailen dat het genoeg is, steekt hij daar misschien iets van op.

Als we massaal bij de volkskrant protesteren, kan men daar de zaak wellicht nog eens rustig bekijken om hem er voor goed uit te werken. Let wel. Ik ben als vrijdenker een groot voorstander van vrije meningsuiting. Daar gaat het me hier niet om en dat mag ook geen issue worden. Ook ben ik volstrekt geweldloos.

Er zijn echter genoeg andere middelen om Fred van der Wal eens een lesje te leren dat hij nooit maar dan ook nooit meer zal vergeten tot in lengte van dagen.

Vanmiddag ben ik naar binnen gestapt bij zijn expositie in la Chapelle Saint Andre en heb de kunstenaar duidelijk verteld wat ik van hem dacht, namelijk dat hij een grote, gore lafbek is, die misbruik maakt van de vrijheid op internet.

Het was allemaal wat sneu voor de vriendelijke dame van de gemeente, die ook aanwezig was. Ik heb haar de toestand uit de doeken gedaan en haar mijn excuses aangeboden. Ik heb haar ook een dossier beloofd met de smeuïgste, smerigste, juridisch meest strafbare en beledigendste uitspraken van Fred van der Wal in vlekkeloos Frans. Dat dossier gaat ook

53

naar de burgemeester van Couloutre, waar de heer van der Wal domicilie heeft gekozen naar het schijnt, dan zullen ze wel hun maatregelen nemen. Het is genoeg, Fred van der Wal. We gaan het je onmogelijk maken. Ik heb hem gezegd dat hij in heel Europa niet meer aan de bak komt, dat ik Rommert Boonstra daarvoor ga zorgen. Diverse kunstenaars sites heb ik al gewaarschuwd voor deze abjecte figuur. Zij werken hem daar van af. ps De vele reacties op dit artikel heb ik verwijderd omdat ze, in mijn ogen, geen zinnige bijdrage vormden aan een algemene discussie.

39 aanbevelingen, beveel dit bericht aan bij andere bezoekers

Waarschuw de redactie!

13 reacties, reageerTags: fvdw heer

Robert Engel 29-07-2007

Vent, dan ben je niks anders dan Fred van der Wal.

rommert boonstra / 29-07-2007

Interessante reactie. Leg eens uit?

anoniem 29-07-2007

Vervelend dat het lange schrijfsel zonder enige alinea indeling geen enkel argument tegen Fred van der Wal bevat, behalve persoonlijke rancunes.

rommert boonstra / 29-07-2007

Wat voor verdere argumenten zijn er nodig? Ben ik niet duidelijk genoeg over deze weerzinwekkende schertsfiguur?

Goeie tip over die alineas.

Robert Engel 29-07-2007

Leg eens uit? Hoe wil je nou dat mensen je serieus nemen als je hun reacties weghaalt? Gisteren deed ik hier enkele ter zake doende opmerkingen. Bovendien lees ik dit: Als we massaal bij de volkskrant protesteren, kan men daar de zaak wellicht nog eens rustig bekijken. Hoe wil je nou massale steun krijgen als je de reacties censureert? Je wekt op zijn minst de indruk precies hetzelfde te zijn als Fred van der Wal, die ook elke opmerking die hem niet zint schrapt. Leg jij maar eens uit waarom je dat doet.

rommert boonstra / 29-07-2007

Dat leg ik je met genoegen uit. Dit blog is mijn huiskamer en geen openbare ruimte. Op internet is ruimte genoeg, dus ik snoer niemand de mond. Ik geloof dat ik als mens achter de kunstenaar mijn nek behoorlijk uitgestoken heb, door de lafbek Fred van der Wal persoonlijk op te zoeken. Het gedreig met politie door meneer was niet van de lucht. Wat ik overigens zeer komisch vond. Ik ben namelijk voor niemand bang als mens en als kunstenaar. Voor elke serieuze discussie sta ik vanoudsher open, maar eerlijk gezegd vanaf nu op een andere plek. Ik ben namelijk gewoon aan het werk als erkend kunstenaar. Ik heb geprobeerd om een voorzet te geven aan anderen om hem er uit te werken. Ik ga van die van der Wal geen dagvulling maken, dat is hij niet waard. Laat het weten als je niet tevreden bent met dit antwoord.

Conan 29-07-2007

Je blog je huiskamer? Welnee, hooguit het raam waar je je kop uitsteekt om iets over straat te roepen. Als toevallige passanten dan iets terug roepen, geef je een reactie. Of je doet het raam helemaal op slot (geen reacties toestaan). Maar zo denk ik erover.

Robert Engel 29-07-2007

Da's geen antwoord. Of je het wilt of niet, als je blog op internet staat, dan is het openbare ruimte. Als je iets plaatst en je staat reacties toe, dan wordt je schrijven een soort openbaar bezit. Bovendien, mensen nemen de moeite om te reageren, en die mag je best serieus nemen.

En dan kun jij zeggen dat je niemand de mond snoert, maar met het verwijderen van de reacties heb je dat toch gedaan. Dat valt niet te ontkennen.

Er zijn wat ijzeren wetten op internet. Eentje is dat je altijd de reacties laat staan, mits deze binnen de wet vallen. Doe je dat niet, neemt geen mens je meer serieus, en voelen mensen zich belazerd.

Die krijgen terecht het idee dat de censor zich boven hen verheven voelt. Die dingen werken dus niet.

En hoe weet de lezer nou of de verleden discussie serieus was? Die kan alleen op jouw blauwe ogen afgaan.

Maar, ik heb nog geen antwoord op mijn vraag: hoe denk je die massale steun te verwerven?

rommert boonstra / 29-07-2007

Ik probeer aldoor geduldig uit te leggen dat iemand anders het stokje maar over moet nemen. Laten anderen hem overal maar uit werken. Laten wij hem bestrijden tot hij het bijltje er bij neer gooit. Dat is mijn doel!

Conan 29-07-2007

Nice try Rommert, het ga je goed,

doei.

Robert Engel 29-07-2007

Right. En van de mensen die dat wilden, haalde je de reacties weg. En nu neemt niemand het meer over. En ik houd er ook mee op. Vaarwel

Rene scheffer / 30-07-2007

BBBBrrrr

Het VK blog gaat straks op deze manier echt een van de vele internet-rio-len worden. Ik hoop op actie van de redacteur dan wel zelfreinigend ver-mogen of een knokploeg van normale bloggers.

fred van der wal / 30-07-2007

Nog steeds jaloers meneer Boonstra? Arme sukkel, ga maar lekker mee zaniken met die gefrustreerden die je zo bejubelen, ijdele, zelfingenomen halve gare kwastelierus.

GER DE BLOGGER: DIEPTEPUNT IS VOOR MIJ DE BLOG-OOR-LOG DIE ENE ROMMERT BOONSTRA AFGELOPEN WEEKEINDE VOERDE TEGEN FRED VAN DER WAL

ROMMERT BOONSTRA ELSEVIERS MAGAZINE IN 1986 UIT GE-KNIKKERD TOEN ELSEVIERS MAGAZINE EEN VOLWASSEN BLAD ZOU WORDEN NAAR MODEL DER SPIEGEL

ENKELE MALEN LIET ROMMERT BOONSTRA ZICH OP UITER-MATE DENIGRERENDE WIJZE UIT OVER PERSOON EN WERK VAN FRED VAN DER WAL

6 reacties

AstroLogicus

HUUB MOUS (de super-intellectueel die jij steevast 'een AA-lijder' noemt, waarom begrijp ik niet zo goed, want wat iemand kan dat kan-nie…) heeft een andere mening:

Huub Mous 23 maart 2010

Ik heb Rommert Boonstra ooit een keer ontmoet op zijn atelier. Hij leek me een aardige man die bovendien hele mooie geënsceneerde foto's maakte. http://www.huubmous.nl/2010/03/22/the-decision-is-made-by-fate/

AstroLogicus

En ja... als je dan toch iemand centraal stelt in je blog dan is een interview met hem op zijn plaats hier..., vooral ook omdat Rommert Boonstra zichzelf etaleert als een vertegenwoordiger van "de verbeelding", een zaak die je als integer kunstenaar toch moeiljk belachelijk kunt maken.

fredvanderwal

Ik heb in vorige weblogs en reacties uitvoerig uitgelegd waarom ik het werk van de overgesubsideerde modieuze plaatjesmaker/praatjesmaker kletskous Boonstra niets vind. Een staatskunstenaar, een knutselaar met footootjes, totaal onbelangrijk, doch in de ogen van niet geïnformeerde webloggers de Nieuwe Rembrandt. Mous heb ik met enige regelmaat afdoende beantwoord. Ik ben niet te koop, Mous wel. Boonstra eveneens.

fredvanderwal

Je hebt in zoverre gelijk Wim, dat Boonstra een kunsartiest is met heel wat verbeelding. Mister Arrogance!

fredvanderwal

Huub Mous een super intellectueel; laat me niet lachen. Iemand die binnen kunsthistorische kaders denkt die hem aangereikt zijn op de universiteit. Geen originele denker. Iemand die stukkies schrijft voor elk kutje kleiende teef die met klei knoeit de ware kunst:
On the road van Jack Kerouac verfilmd, daar had je het over.
De verfilmde roman vertelt het verhaal van Sal Paradise en zijn aan alcohol, seks, drugs en muziek verslaafde vriend Dean Moriarty, die liftend of in gestolen auto's kriskras door de Verenigde Staten reizen. Hun levenswijze is anti-intellectueel, genotzuchtig, oppervlakkig, kick zoekers, zonder binding en zonder moraal en ze zetten zich af tegen de gevestigde normen en waarden. En daar kan ik mij zo nu en dan in vinden, zegt onze Fred van der Wal.

58

FRED VAN DER WAL IS EEN WATJE MET GIERENDE ZENUWEN
EN HUID UITSLAG, ZEGT ARTIEST ROMMERT BOONSTRA

mei 28, 2012

FRED VAN DER WAL IS EEN WATJE MET GIERENDE ZENUWEN
EN HUID UITSLAG, ZEGT ARTIEST ROMMERT BOONSTRA &
DIE KAN HET WETEN WANT HIJ HEEFT DE KUNSTENAAR ÉÉN
MAAL TIEN MINUTEN GESPROKEN

ZEI DE GROTE FOTOGRAAF ROMMERT OOIT EENS: "ALS JE DIE
JONGEN ZIET DAN ZIE JE AL OP AFSTAND DAT ZIJN WERK
NOOIT IETS KAN ZIJN. IK HEB DAAR ALS FOTOGRAAF EEN
OOG VOOR. TALENT HERKEN JE DIRECT. HIJ IS VEEL TE NOR-
MAAL".

DE HEER F.VD.W 2

Rommert Boonstra: ik ga mijn agenda niet laten bepalen door fvdw

Geplaatst op 28-07-2007 door Rommert Boonstra in categorie foto

Fred van der Wal geniet van alle aandacht wordt er gezegd. Dat is niet helemaal waar.

Fred van der Wal geniet alleen van aandacht als hij thuis zit in zijn zwaar beveiligde huis. Op internet gedraagt hij zich heldhaftig, ik dacht even de nieuwe Jan Cremer te hebben ontmoet, maar in het dagelijkse leven is hij een watje met gierende zenuwen en zware huiduitslag overal. Een ziekelijk mens. Je moet hem dan ook op ludieke en vreedzame wijze in zijn persoonlijke levenssfeer aanpakken. Op volstrekt legale wijze, voeg ik daar voor de veiligheid nog even aan toe. Bij zijn volgende tentoonstelling sta ik bij de ingang pamfletten uit te delen, met het ware verhaal over Fred van der Wal opdat iedereen moge weten wat voor een flutkunstenaar hij is.

Dat soort dingen ga ik dan doen. Ik jaag de mensen weg. Ik ga niet alles over mijn komende acties verklappen natuurlijk. Je moet nooit vergeten dat dit soort mensen eigenlijk heel zielig zijn.

Ik heb hem vanmiddag op zijn tentoonstelling tegen zijn zin gefotografeerd. Hij wist niet eens hoe hij kijken moest en ging enkele keren naar buiten om te lachen, dat zegt toch wel genoeg. Schattig toch, die inhoudsloze jongen met de grote muil?

-Jij bent alleen maar jaloers op mijn werk- zei de lieverd nog. Jij, jij, jij! Jij dit en jij dat! Hij kan dus toch echt geestig zijn. Ik heb nog nooit eerder zulk vreselijk waardeloos achterhaald werk gezien. Dat is ook de reden waarom hij me achtervolgt. Hij heeft gehoord dat ik een keer tegen iemand gezegd heb dat zijn werk niet deugt op zijn tentoonstelling in een Musuem in Donzy. Nou, dat kan best kloppen, want ik vind het ook geneuzel. Sindsdien heb ik gratis kosten inwoning in meneer zijn hoofd. Hij kan me met geen mogelijkheid meer uit zijn brein krijgen. Hij moet wel op me in hakken. Zielig toch? Op de foto: de voormalig Friese kunstenaar

60

Fred van der Wal. Hij beweert uit Amsterdam te komen, maar dat kan gewoon niet.

ps
de vele reacties op dit artikel heb ik verwijderd omdat ze, in mijn ogen, geen zinnige bijdrage vormden aan een algemene discussie.

26 aanbevelingen, beveel dit bericht aan bij andere bezoekers

Waarschuw de redactie!

14 reacties, reageerTags: fvdw heer

K 29-07-2007

U kunt beter deze bijdrage zelf verwijderen want ze doet afbreuk aan hetgeen u verder op dit blog doet.

rommert boonstra / 29-07-2007

K- dit vind ik een hele goeie. Misschien laat ik hem voor straf wel staan.

Conan 29-07-2007

Mischien waren de reacties niet zinnig in jouw ogen, maar bestaat er wel zoiets als een niet-zinnige reactie? Actie en reactie zeg maar. Zelfs de relevantie van de reacties scoorde vrij hoog en diende louter een illustratief doel.
Dat je de reacties weghaalt is je vrije keus, en je verhoogt ook de kans dat dit artikel door de ballotage komt, dus begrijpelijk van jouw kant. Weet dat wij van LWH je in ieder geval in gedachten steunen.

rommert boonstra / 29-07-2007

Conan- ik wil gewoon mijn werk doen. Dat is in mijn geval wat fotos maken en wat gedichten schrijven. For whatever it's worth. Ik ga mijn agenda niet laten bepalen door de shitkunstenaar fvdw. Ik ben ook niet van plan lang energie in deze affaire te steken, hoewel ik merk dat ik er wel een soort plezier in heb om hem af te sijken. Gewoon een flinke confrontatie en dan weer andere zaken.

Conan 29-07-2007

Duidelijk,
succes ermee.

François Labarbe / 29-07-2007

Sorry

Robert Engel 29-07-2007

Ik blijf het zeggen: op het moment dat iemand oproept tot actie, en zelf reacties verwijdert onder zijn blog, dan wordt die actie als vanzelf door niemand gesteund.
Ene Isis, zie haar laatste bijdrage, wordt alleen maar gesteund door het weghalen van de reacties.

rommert boonstra / 29-07-2007

Zou het geen idee zijn om een soort permanente klachtenlijn te openen om Fred van der Wal voor goed uit te kunnen schakelen? Of een openbare plek waar iedereen zijn grieven tegen deze schertsfiguur kwijt kan? Dat ik tot iets oproep wil niet zeggen dat ik van de marginale kunstenaar fvdw gelijk een dagtaak wil maken. Dit blog gaat over heel andere dingen. Eigenlijk zou ik mijn teksten over fvdw ook wel naar een andere plek willen verplaatsen.

Robert Engel 29-07-2007

Zoals ik al zei, je hebt reacties weggehaald, en niemand neemt je meer serieus. Een beetje jammer, maar waar. En ik besteed er ook geen tijd meer aan. Vaarwel.

christinA 29-07-2007

Jammer dat je reacties hebt verwijderd. Nu wordt het erg moeilijk voor iedereen om terechte kritiek en schimpscheuten op een ander, van elkaar te onderscheiden. Er is namelijk nooit "een" waarheid, alleen "de" waarheid, maar die moet wel kloppen.

rommert boonstra / 29-07-2007

Ik geloof dat je gelijk hebt. Ik heb ze opgeslagen als html bestanden. Hoe krijg ik ze weer op het web om fvdw openlijk aan te pakken?

christinA 29-07-2007

Je zou kunnen proberen ze via word ofzo te kopiëren. En dan plakken. Maar het kan nooit meer op de originele plaats. Je kunt natuurlijk wel via "wijzigen" de reacties alsnog onder je blogbijdrage plakken.

willem van deursen 30-07-2007

Ik had hier ook een reactie staan. Moet wel, want dit log heeft niet voor niets een snelkop op m'n buroblad. Die reactie is kennelijk niet gezien als een (zelf)spottertje maar als een pro-van der Wal reactie.
Onthutst!
Wat me nog het meest steekt, is dat ik ondanks naam & IP nummer niet eens "(h)er-kend" ben.
Vijf jaar bezig op internet, en nog steeds een Mr Total Nobody? Poe poe tuttut *maakt naarstig afspraak met charisma-coach*

fred van der wal / 31-07-2007

Rommert, Niemand neemt je meer serieus. Je hebt jezelf belachelijk gemaakt, je geloofwaardigheid verloren, je bent een opgeblazen nobody
rommert.volkskrantblog.nl
Rommert Boonstra
Woonplaats: Rotterdam en het dorpje CREATIVITÉ

BLOG 50

De heer F.vd.W 3

De heer F.vd.W 2

FRED VAN DER WAL IS EEN WATJE MET GIERENDE ZENUWEN
EN HUID UITSLAG, ZEGT ARTIEST ROMMERT BOONSTRA mei
28, 2012

PORTRET FOTO FRED VAN DER WAL 2007 IN ST. ANDRÉ DOOR
FOTOGRAAF ROMMERT BOONSTRA?

Als gids voor het leven een rijmpje van Remco Campert

fredvanderwal

Hahahaha, ik mag dan een watje zijn, maar ben niet de militaire dienst uit
gebonsjoerd met S5 zoals tiepes als Rommert Boonstra, want dat zijn pas
echte watjes met hun inhoudsloze psycho gebabbel en ego geleuter.

FRED VAN DER WAL SPOORT NIET HELEMAAL

september 10, 2013

Fred van der Wal spoort niet helemaal!

door fredvanderwal

@ FRED VAN DER WAL: JE SPOORT NIET HELEMAAL. DEEL I. WORDT VERVOLGD

Gil Heuvelmans (moderator Basic Publishing) : ...en vind persoonlijk dat dit soort teksten geschikt is voor deze site. Sterker, eigenlijk, ik denk zelf dat de reden waarom je zo'n hoge gemiddelde score haalt is, omdat de andere leden dat ook vinden.

Conan de Rabarber (popmusicus):..."zonder leestekens" en "niet gehinderd door enige kennis". Jij durft, besef wel dat je je nu de blinde en schuimbekkende woede van Fred vd Wal en Isis Nedloni op je nek haalt.

ChristinA (kultuurkritika): Hij kan nog niet aan Wolkers raken als ie op z'n tenen staat. Niets kan hij!

Robert Engel (kultuurkritikus): Zij noemt hem TAALBEEST. Hij noemt haar zijn MUZE. Zij is zijn ZOENVIS. Hij haar GITARMAN. Hij noemt haar een DANSTER. Een WOORDPRINSES. Zij vind hem een LO(N)KVOGEL. Hij haar een GLEUFDIER. Samen zijn het RODIN LIEFHEBSTERREN. GENIE KINDEREN. KUNSTGEKKEN. IDIOTEN. LIJPO'S. KLEFKEZEN. VOORAANSTAANDE VOLKSKRANT-BLOGGERS. Wij zijn ER TROTS OP U het nu al HET GELUK-KIGSTE PAAR van 2007 te mogen VOORSTELLEN. Fred "ZOENVIS" van der Wal en Isis "GLEUFDIER" Nedloni. Feliciteren kan hier.

Conan de Rabarber (popmusicus): Frats vd Walm (Fred van der Wal) wil dat we weer een stukje over'm schrijven, m'neer de Wolkers-wanna-bee , komt weer wat aandacht te kort.

Isis Nedloni (kunstschilderes/auteur): Stelletje lullemieten en schijt-bakken zijn jullie…wat een brutaliteit om mijn adorabele Fred van der Wal zo neer te zetten…

Huub Mous (AOW-er): Ik heb haar altijd opgevat als een afsplitsing van het getroebleerde ego van beeldend kunstenaar Fred van der Wal. Maar zij is écht Freds dochter en kent …

Cornelis van der Wal (poweet) : maart 2007Fannejûn earst in emosjo-neel wersjen tusken de bruorren Cornelis en Fred van der Wal. Bûsdoeken meinimme. Pyt Homminga sit yn it publyk. …

YouTube – UltraSoap – 06 – Wintergasten Huub Mous en Fred van der Wal in gesprek over de Leeuwarder Courant. Huub Mous en Fred van der Wal . From: djKeu

mephisto (klerenverkoper, geen klerenlijer):…Mijn nieuwe vriend brengt mij bij Fred van der Wal. Ik verwacht een sadomasochist in optima forma. Even wacht ik met het volgen van de link.

Bert Brussen (kultuurkritikus): Dreigmailtjes uit Zeewolde ; Dat zijn de benen van Fred v d Wal.

dj Keu (dichter/musicus/systeembeheerder/acteur) …Fred van der Wal Oprichter en initiatiefnemer kunstenaars vereniging Fria 1985. …. "In den beginne was het Woord en het Woord was bij Fred van der Wal en …

EO redactie (religieuzen): EO – Programma's – Het Elfde Uur…He Fred sorry hoor maar ik vind niet dat je met de zelfde sexe naar bed mag maar ik heb niks tegen die Donald Duck sokken van jou.

Isisnedloni (kunstschilderes/auteur): Grappig dat ik altijd zwart draag en mijner verloofde hier in het gastenboek aan tref. ..maar toen was hij mijner verloofde nog niet……zonder kunst geen leven… zonder leven geen kunst…..

Isis Nedloni (kunstschilderes/auteur): … EEN DOOR ROLLENDE RODDELENDE VALSE HETZE TEGEN FRED van Fred van der Wal, mijner dierbare TaalBeest, wel. Tja….. Fred van der Wal is aan de beurt … Naar aanleiding van een schandalige roddel bijlage STOP FRED al-hier)

Marcel Wiersma (kunstschilder): Haaa, Grolsch dus Fred, champagne wordt me te duur. Groet, M.

Huub Mous (pensionado): Fred van der Wal is een omstreden figuur in Friesland. Tegenwoordig woont hij in Frankrijk, in een soort kasteeltje, zo'n 50 kilometer van Nevers.

Landbeha (weblogger): Zeg S-P, persoonlijk zal het me verbazen dat ie-mand "fred" nog leest. Zo iemand spoort toch niet, die zich alleen in hoofd-letters uit en verder in niets zich waar maakt.

Klaverblad (weblogger): Fred van der Wal vergroot graag het raadsel rond zichzelf in zijn weblogverhalen. Hoezeer hij ook mag beweren niet te willen provoceren met zijn reeks bizarre anarchistische, nihilistische, soms pornografische verhalen, in de auto interviews die hij aan zichzelf af staat, doet hij niet anders. Menigeen glibbert over de verbale shit op weg naar de afgrond als hem dankzij Fred van der Wal eindelijk de ogen zijn open gegaan en ook hij uit de kast komt.

Lucaswashier (website): Fred v.d. Wal: uitdrager van sociopatische en pornografische ideeën

Henk Visser (onbekend): Nou, van der Wal, jij durft wel zeg! Uit jouw pen komen niet anders dan zoals je ze zelf noemt: "vruchteloze en onsmakelijke lasterlijke strafbare scheldpartijen".

Stephan Storms (onbekend): De overeenkomst tussen Fred van der Wal en mensen als Maarten Biesheuvel, A. Moonen en Jan Arends is dat zij allen zo gek als een deur zijn/waren. Het verschil is echter dat uitsluitend de laatste drie knap en boeiend over hun gekte konden schrijven. Als Fred van der Wal net zo beroerd schildert – en dat zal wel, want je kent dat soort wel- als dat hij schrijft, vrees ik het ergste.

Jeg Synes (kunstschilderes/weblogster): jammer dat je het verpest met je houding, daar zul je niet snel vrienden mee maken....

Daan (onbekend): Oogkleppen als een molenpaard: teveel in de spiegel gekeken, Fred? Hahaha! Isis kan gemist worden, net als jij! Jij bent namelijk helemaal niks en jij wordt ook niks!

Zwollywood (weblogster): Ja zeg...trek zelf een BH aan.....ik heb het wel gezien hoor...!!

Mephisto (klerenverkoper): Vandáár dat ik nooit een echte vent lees als ik Fred voorbij zie komen!

Hein Stienstra (commentator): Da's gek. Deze week was ik nog vanwege een plotseling nostalgische bliep in Kamp Austerlitz en nu lees ik een voortreffelijke beschouwing van Fred van der Wal over (de voor mij moeilijk overdraagbare) sfeer uit die tijd. Geweldig!

anoniem (onbekend): Veel aanbevelingen, veel anonimiteit.

K (onbekend) : Speciaal thema zoek je uit...maar ik moet altijd lachen om je droge commentaar erbij.

Kunstcriticus (onbekend): Gadver! Worden jullie nou zelf niet moe van dat puberale gezwam! Ben geen kunstkenner, maar enig diepgang is in dit domme gezwets ver te zoeken…

fred van der wal (genie) : De "STOP FRED VAN DER WAL AF AC-TIE" van Rommert Boonstra is als een nachtkaars uitgegaan, niemand koos de partij van onze blinde fotograaf, een eenzame, verbitterde, verwarde man, die in de AOW een uitzichtsloos bestaan slijt en waarvan ik nog maar moet zien of hij de zeventig haalt in zijn colère, maar hoe geheel anders die Bourgondisch levende Fred van der Wal, die het hele jaar met falset stem "Through The Tulips" door het leven walst, samen met de Koningin der Rozen, Isis Nedloni! Dat is toch zo in en in on-Hollands dat ik er zelf nog stil van wordt als er niet net weer gebeld werd, het zal de bakker toch niet wezen om deze tijd? Een halfje wit dan maar!

Zwollywood : IK VIND OOK…ISIS HEEFT SO WIE SO ALTIJD GE-LIJK…

Rowald (onbekend): @Fred van der Wal: Je spoort niet, grote, gore klootzak.

(wordt vervolgd)

FRED VAN DER WAL SPOORT NIET HELEMAAL OF HELEMAAL NIET, HAHAHA!

Fred van der Wal spoort niet helemaal? Uitdrager van sociopatische en pornografische ideeën!

NATUURLIJK SPOOR IK NIET HELEMAAL! NIET HELEMAAL? HELEMAAL NIET!

9 reacties

francois15

Rowald is een lachebekje (uit Limburg?)

fredvanderwal

Rowald (Krudzlo) heeft volgens mij nog gelijk ook…

fredvanderwal

Beter een grote, gore klootzak dan een niet-grote, niet-gore klootzak, want waar blijven we dan?

francois15

Niet groot en goor? Dus een sympathieke klootzak… nee, dat is ook niks

fredvanderwal

Klote van de bock…nu wordt het moeilijk…want waar liggen de criteria der grote gore klootzakken en hunne tegenhangers? Wij weten het niet en zullen het nooit weten. Ervaringswetenschap ontbreekt. Acces denied.

fredvanderwal

Kom…ik ga weer eens een grote gore klootzakkerige bijdrage op OBA neer zetten…

fredvanderwal

IK ben niet goed maar wel gek en dat heurt euk voor een kunst-artiest …heb ik ergens gelezen

VERREWEG HET VERMAKELIJKST WAS HET WEBLOG OOR-LOGJE TUSSEN ROMMERT BOONSTRA EN FRED V.D. WAL, MEENDE KLAVERBLAD

mei 29, 2012

VERREWEG HET VERMAKELIJKST WAS HET WEBOORLOGJE TUSSEN ROMMERT BOONSTRA EN FRED V.D. WAL, MEENDE KLAVERBLAD

Reacties op weblog door Klaverblad met commentaar betrokkenen muv Rommert Boonstra

Geplaatst op 30-07-2007

"Wie wind zaait, zal storm oogsten of wie de blogtwist kaatst, moet de Blog oorlog verwachten".

Verreweg het vermakelijkst was het weboorlogje tussen Rommert Boonstra en Fred v. d.Wal.

Na wat flauwe schermutselingen de afgelopen weken en wat vileine be-schuldigingen bij tijd en wijle toog Rommert naar de tentoonstelling van Fred in Bourgondië en fotografeerde hem, waarna er een schelmen-tekst volgde, waarbij de oproep van Franse autoriteiten en juridische gevolgen in het vooruitzicht werden gesteld.
Heerlijk!
De immer aan Taalbeest loyale Isis Nedloni kon zich natuurlijk niet on-betuigd laten. Waar is oprechter trouw dan tussen man en vrouw -geen echtelieden overigens- ter wereld ooit gevonden? Rommert bood nog even z'n excuus aan, maar verwijderde reacties en later het hele blog. Ook dat kan en mag allemaal in een oorlog. Alle middelen zijn geoorloofd. Het was met afstand de leukste twist van de afgelopen week en ik hoop van harte dat er nog velen mogen volgen. Bekeren wil ik niemand; ik ben zelf

al een slachtoffer. NB. Een dwingend advies van een Apostel: houdt eens op met het aanroepen van uw god, de heer GJ Bogaerts ofwel de VK-blogredactie om in te grijpen. DOODZONDE!

37 reacties, reageer

François Labarbe / 30-07-2007

Gelezen en goed bevonden ☐

Helena / 30-07-2007

Mooie analyse.
Ik wilde een klacht indienen tegen die Fred van der Kwal omdat ik de laatste tijd echt heel veel nare reacties krijg van weet ik veel wie. Heb de Redactie nog niet gewaarschuwd trouwens.

Frans Muthert / 30-07-2007

Goed in de zon gaan zitten Saulus en afwachten. Als ik het VK-blog door scroll, staat ons nog wat te wachten.....ik word er niet goed van!

François Labarbe / 30-07-2007

Dit wordt vast een topper... ik gok op ca 150 reacties ☐

Isis Nedloni / 30-07-2007

Prachtig verwoord zo stiekem met een verrekijkertje te gluren...hahahaha...moet

mij wel even van het hart dat 'de leukste twist' met verbaal geweld in het echt

plaatsvond...n.a.v. een artikel van 10 jaar geleden en de schreeuwlelijk eigenlijk simpelweg een blog is begonnen om zijn afgunst op de ander uit te

spugen.

Ordinairder kan het niet. Misschien wel benaderd door LWH.

En maak uwer borst maar nat Paulus.

De invloed van LWH is groot....dit is nog maar het begin. LWH en vermomde

consorten zullen en moeten het vkblog kapot krijgen....je kan er wel

bagatelliserend over doen hoor....daar niet van.

Uit eindelijk is het dieptreurig en worden er mensen gekwetst.

Erg asociaal......wacht maar en let goed op wat er gebeurd!

anoniem 30-07-2007 19:04

Een discussie heb ik op VK blog nog nooit gezien, viswijvenscheldpartijen zijn gewoon tegenwoordig.

Ruud Zweistra / 30-07-2007 19:11

Wat waanzinnig knap dat u dat allemaal kan bijhouden. Vele petten diep af. Diep schaam ik mij over het feit dat ik nog zo veel heb gemist – dat tussen Evy en Helena, graag was ik live erbij geweest. Maar vooral dat gedoe tussen F. en R.– alleen de noodkreten van Isis heb ik opgevangen.

Helena / 30-07-2007

Kunt u deze weblogtwisten alvast in de geschiedenisboeken van de toekomst noteren? Met dank...

Isis Nedloni 30-07-2007 20:16

Je leest niet goed waarde Saul. Er is nimmer een excuus aangeboden....de brulkikker gift gewoon samen met LWH

verder.....wel wakker blijven graag;))))

Isis Nedloni / 30-07-2007

Zeg....zonder lippen geen leven;))

Andreas / 30-07-2007

OK, Isis, het was een SORRY door Rommert in kapitalen, ik begrijp dat elke nuance telt. Maar hij heeft het weer ingetrokken -het blog verwijderd-, dus wat is het waard?

Ik zie ondertussen dat Fred lekker door gaat met ZIJN GELIJK. Wij staan erbij en kijken er naar. Ik kijk al maanden geen televisie meer. Er is hier op het VKBlog meer amusement. En verder -moet jou aanspreken; Wat is de mens toch een meewarig wezen!

fred van der wal / 30-07-2007

Wie mij de oorlog verklaart kan rekenen op een bittere, lange strijd. Ik ben nog lang niet klaar met wie mij lastig valt. Daar is de 30 jarige oorlog niks bij om over de 80 jarige maar te zwijgen.
Ik hoop ook dat juridische procedures voor betrokkenen geen financieel bezwaar zijn. Men heeft geen idee van mijn connecties via de horeca en de sportscholen, boys uit de kickbokssien, waar ik graag een glaasje mee drink als ik in Nederland ben en waar ik nogal populair bij ben.

fred van der wal / 30-07-2007

Knap stukje werk Klavertje vier. Pot bier voor meneer!

SWEETKISSABLESUPERSUNKISSFISH / 30-07-2007

Het heeft geen enkele waarde.

Waar de blogger getuige van is geweest is iets wat onderling`
uitgevochten`, had

moeten worden…..maar het werd een alsmaar groter wordende obsessie
die is

uitgeleefd tussen de officiele wereld(instanties)…een scene maken in een

tentoonstellingsruimte….een blog openen om daarover te kunnen
schrijven…..

stoottroepen organiseren……geen boezem in eigen handen steken en mij
vervelen

door 't list en bedrog gehalte….mij een achterom slijmmailtje
sturen……jou

schrijfmateriaal geven…en toen? Toen was het verhaaltje uit……
pffffff…ik

word er misselijk van…. En dat Fred nog even doorgaat …goh…dat kan
ik me

levendig voorstellen.

Hoe zou jij het vinden als je ex-vrienden je zo gaan behandelen?

De Bonestaak heeft het adres van het vkblog ook via Fred gekregen….zo
is het

hek van de dam….de privesfeer vervlecht zich met een weblog….dan is
het

allemaal wel erg dichtbij en ontstaan er andere gevoelens…..

Ach zo meewarig ben ik nou ook weer niet......t is dat mn liefje de eerlijkheid

zelve is....hij is een openboekkunstwerk;))))))

Daarom.....

Geniet van je eiland, Saul.

Het is hier

KL*TE WEER!!!!;)))))

Isis Nedloni / 31-07-2007

Mephisto....hier hoef je niet te vechten om je positie.....hier huizen soms enge mensen die anderen laten tekkelen en dan stiekem achter een vals muurtje verder kijken hoe het gaat.....posities verwerf je ook door veel bij elkaar te buurten en MOOI! te roepen...of een zonnetje achter te laten;)))))) of achterom mails en valse roddels uitdelen....dat is het systeem hier!!! Het is hier the incrowd die de positie wint. Als je niet meedoet lig je er zowie zo uit.....Het is een trieste toestand....Het is dat ik alleen ver- antwoordelijkheid voor me zelf draag en niet voor de reactieruimtes al- hier.....je zou je doodschamen.

Helena / 01-08-2007

Isis heeft gelijk. Ik wil net een hele lange reactie schrijven over hoe ik tegen de boel aan kijk maar ik laat het maar zo..

fred van der wal 04-08-2007

Aan de openlijke onsmakelijke hetze van Rommert Boonstra en zijn schandalige gedrag beleef ik geen plezier en heb er alles aan gedaan in de achterliggende jaren om het conflict bij te leggen met hem en zijn soms zo charmante, goed geklede vrouw die er heel veel verdriet van heeft, maar we kunnen nu eenmaal niet altijd blijven lachen en waar gehakt wordt ge-

76

braden vliegen de vetspetters uit de pan, dat weet iedereen, zoals bij het bis bakken een spiering uit de pan. Ik hoop van harte dat die meneer Rommert vroeg of laat met de pet voor de gulp zijn excuses komt aan bieden. Ik ben heel soms een vergevingsgezind gristenmens en laat mij niet leiden door omzien in wrok, bitterheid en agressie. Het moge de man en zijn wederhelft heel goed gaan, dat meen ik oprecht…

FRED VAN DER WAL SPOORT NIET HELEMAAL

In "Beeldende kunst"

ENKELE MALEN LIET ROMMERT BOONSTRA ZICH OP UITERMATE DENIGRERENDE WIJZE UIT OVER PERSOON EN WERK VAN FRED VAN DER WAL

In "fotografie"

Lucaswashier (website): Fred v.d. Wal; uitdrager van sociopatische en pornografische ideeën

7 reacties

francois15 permalink

Ik kom niet echt serieus over met al die emoticons. De laatste reactie van RB op mijn blog dateert van 26/01/2008 dus de mailwisseling met RB waar ik het eerder over had moet dus in december 2007 en januari 2008 hebben plaatsgevonden maar ik vind er niets meer van terug. Enige tijd geleden heb ik mijn KPN-webmail opgeschoond (lim max 30 MB). Ook onze mails heb ik niet meer, van Coontje niet, van RB niet (Krzdl ook al niet). Ik was toch wel nieuwsgierig geworden, maar helaas… ik heb mijn geheugen weggegooid. Mijn blogs staan er bij WordPress wel weer allemaal op maar dat is allemaal "polite conversation". Ben benieuwd hoe het ook alweer was afgelopen □

Th Balvers permalink

Sta nog altijd achter mijn reactie van toen…

fredvanderwal

Ik heb geen enkel gevoel (meer) van triomfantalisme, zoals indertijd toen LWH (zij bestreden mij aanvankelijk) zich achter mij stelde en andere webloggers, en de mij voortdurend getrouwe Isis Nedloni een felle aanval richting Boonstra deed waar ik uiteraard nog steeds veel waardering voor heb omdat het getuigde van loyaliteit waar menig weblogger een voorbeeld aan kan nemen, ik kon goed opschieten met Henriët Boonstra, vond haar gezelschap aaangenaam en zou nu na vijf jaar anders hebben gehandeld tegen de Boonstras, alhoewel hij het er wel zelf naar gemaakt heeft dat ik hem keihard attakeerde, nadat hij zich bij twee exposities van mij onmogelijk maakte door uit jaloezie afbrekende opmerkingen te maken en agressief gedrag vertoonde. Ik heb een hekel aan superieur gedrag dat voort vloeit uit jaarlijks verleende staatssubsidies toegeschoven door bevriende leden van de gelauwerde kunstartiest door kunst commissies die een zak belasting geld hebben te verdelen.
De in privé kringen zowel als publiekelijk geventileerde minachting voor mijn werk en persoon door Boonstra wekte mijn woede op.
Ik vind de weblog oorlog van toen allerminst iets om trots op te zijn en het had van enige wijsheid getuigt als ik het voorkomen had hetgeen toen in mijn macht lag. De aanloop tot de brouille is een futiliteit overigens.

fredvanderwal

Francois
Zelfs met een leger van emoticons blijf ik je serieus nemen! Don't worry, be happy!

fredvanderwal

78

Het conflict met Boonstra speelde zich eind juli 2007 af in de Bourgogne. Als hij daar over nog in dec. 2007 en jan. 2008 over aan de bel trok is Boonstra een volhouder. Sjappoo!

fredvanderwal

MISSCHIEN WIL GRUTTE PIER OPENLIJK UITLEG GEVEN VAN ZIJN HERHAALDELIJK maar overbodig like gedrag.

Op Wikipedia was hij korte tijd geleden wat minder lovend onder pseudoniemen samen met Krutsloo om mij van Wiki af te werken.

fredvanderwal

Ben benieuwd hoe het ook alweer was afgelopen. Een paar keer kwam ik de Boonstraatjes tegen op Brocantes. Eén maal nodigde ik ze zelfs nog uit aan tafel op een terras. Ze gingen er grif op in want als er iets te halen valt voor een Hollandsche artistieke subsidie vreter staan ze paraat. Verder nooit meer iets van ze vernomen.

PORTRET FOTO FRED VAN DER WAL 2007 IN ST. ANDRÉ DOOR FOTOGRAAF ROMMERT BOONSTRA?

januari 19, 2016

Fredvanderwals Weblog

BEWEERDE BOONSTRA OP HET VK BLOG INDERTIJD MAAR VOLGENS ISIS NEDLONI WAS HET EEN FOTO VAN HEEL IEMAND ANDERS VLAK VOOR ZIJN DOOD GENOMEN.

ALS BEGELEIDENDE TEKST HAD BOONSTRA NEER GEKALKT DAT DIE FRED VAN DER WAL EEN "WATJE WAS MET GIERENDE ZENUWEN EN BESMETTELIJKE HUID UITSLAG DIE AL GELIJK BIJ DE EERSTE ONTMOETING IN TRANEN UIT BRAK".

BOONSTRA HEEFT "ALTIJD GELIJK" WANT HIJ VRAT TOEN VAN DE OVERHEIDS KUNSTSUBSIDIES EN HAD IN ELKE KUNSTCOMMISSIE ZO ZIJN VRINDJES ALS EX-LERAAR ("PROFESSOR") AAN DE RIJKSAKADEMIE TE AMSTERDAM. DIE SUBSIDIE GASTEN EN KUNS LERAREN WETEN ECHT ALLES...

ENKELE MALEN LIET ROMMERT BOONSTRA ZICH OP UITERMATE DENIGRERENDE WIJZE UIT OVER PERSOON EN WERK VAN FRED VAN DER WAL

juni 3, 2012

...toch heeft het event onze ras artiest fred van der wal niet tot tranen aan toe geroerd en dat, lieve lezer en – es, siert de mens achter de kunstenaar ten volle !Sjappoo!

Rommert Boonstra met een eenduidig commentaar: 17 maart 2005

hallo jeugdig genie annex mopperkont,
ik vond de 2 foto's plus verhalen erg interessant. Volgens mij ben je veel leuker als je jezelf op de hak neemt dan de joden, de Friezen, de homoseksuelen alsmede Henk Helmantel. We zijn druk bezig met de voorbereidingen van ons werk in Nederland en we hebben, nog een aantal afspraken. we hopen jullie in een later stadium weer te zien.
gegroet,

rommert boonstra

De mail met de sarcastische opmerking hoe interessant 2 fotos en verhalen waren resulteerde in een brouille tussen de beide kunstenaars die niet meer zou worden bij gelegd en waarbij Boonstra niet langer welkom was ten huize van een (ten onrechte?) razende Fred van der Wal vanwege bovenstaande mail, die hij met opzet interpreteerde als een vaarwel om een breuk te veroorzaken tussen betrokkenen.

Aan deze mail was voorafgegaan hatelijke op- en aanmerkingen van Boonstra o.a. tijdens de opening van een expositie van mijn werk in het Eco Musée in Donzy, waarbij hij mij belachelijk maakte, niet wetende dat er Nederlandse kennissen van mij naast hem en zijn weinig succesvolle zoontje stonden en niet alleen maar Fransen. Deze kennissen waren wel zo vriendelijk over te brengen wat Boonstra voor hatelijkheden over mijn werk en persoon had rond gebazuind.

Tussen juli 2007 en januari 2008 poogde de van zijn gereformeerde geloof afgevallen Boonstra webloggers te organiseren tot een gezamenlijke actie tegen Fred van der Wal als deelnemer aan het Volkskrantweblog maar vond bij niemand steun.

Zijn klachten naar de internet redactie, de moderatie en de hoofdredactie van de Volkskrant liepen op niets uit.

Uiteraard was de door Rommert uitgesproken hoop in de hierboven staande reactie met de verwachting op een weerzien typerend Rotterdams sarcasme zijner zijde.

De kloof tussen gesubsideerde staatskunstenaars en waarlijk vrije kunstenaars is nu eenmaal onoverbrugbaar.

Ik beschuldig de goed betaalde kunstzinnige arrogante, met zichzelf buitengewoon ingenomen vol gevreten staatssubsidievreters van oneerlijke concurrentie.

Enkele malen liet Rommert Boonstra zich op denigrerende wijze ook ter mijner huize uit over persoon en werk van Fred van der Wal. De echtgenote van Boonstra, Henriette van Lopik, bezocht de van der Wals met enige regelmaat, totdat ook zij het liet af weten, gedwongen door de omstandigheden en de voortdurende ruzies met haar echtgenoot.

Aanvankelijk was ik bereid om kort geleden het geval Boonstra verder te laten rusten vanwege zijn ernstig zieke echtgenote, maar toen ik op zijn facebook pagina een abominabel stuk zouteloos proza van zijn hand las besloot ik in mijn oprechte colère toch verdere aandacht aan deze kunstzinnige meneer te besteden, die het stervensproces van zijn wederhelft op onsmakelijk wijze afficheert op Face Book om sympathie op te wekken.

Ik vind Boonstra een amateuristische knutselaar met fotos en een nog amateuristischer auteur van een spanningsloos, onsamenhangend, in-houdsloos gratuit proza. Ik wens hem en zijn vrouw van harte beterschap, fysiek èn artistiek.

fred van der wal 07-07-2006

Het is ongebruikelijk dat een gast in ons huis gelijk de eerste middag bij binnenkomst beledigingen begint te spuien tav mijn werk en persoon, ze-ker een nieuwkomer in het beeldende vak als meneer Boonstra, die niet uitblinkt in originaliteit!

Dat moet toch ook verboden worden!

Zulke mensen krijgen toch al een ruim zwijggeldje van de subsidie verle-ner. Iets van 35000 euro per jaar om door te blijven knutselen met knip-en plak-werk met fotootjes en dan klagen ze nog over hun karige pen-sioentje, het tweedehands vrouwtje en de derde hands volkswagen bus die al 300000 heeft gereden.

BREAKING NEWS: WEBLOG QUEEN ISIS NEDLONI VERDE-DIGT FRED VAN DER WAL

Geplaatst op 30-07-2007 door fred van der wal in categorie per-soonlijk

EEN DOOR ROLLENDE RODDELENDE VALSE HETZE TEGEN FRED

Geplaatst op 29-07-2007 door Isis Nedloni in categorie kunst

(Naar aanleiding van een schandalige roddel bijlage STOP FRED alhier)

zie www.volkskrantblog.nl/bericht/143855

De zgn foto van Fred door Rommert Boonstra genomen , zgn op de expositie gefotografeerd, zag ik maanden geleden ook op de site van Robert Engel staan....dus wie liegt nu wie voor????
Nou, zeg, de randverschijnselen van internet beginnen nu wel ernstige vormen aan te nemen en sluipen de roddelende sluipwespjes langzaam aan het volkskrantblog binnen.
Als het het vullis van LUCASWASHIER niet is, dan is het wel de privé roddelrelnicht, de heer Bonestaak stalker van Fred van der Wal, mijner dierbare TaalBeest, wel.
Tja….. Fred van der Wal is aan de beurt en wordt hier op het fatsoenlijke volkkrantweblog op een schijnheilige schandpaal gezet.
Grappig hoe dingen kunnen verlopen en hoe hysterisch de mens kan zijn.
Door de een wordt je op handen gedragen en door de ander wordt je te kakkken gezet.
De oorsprong van het randverschijnsel begint uiteindelijk heel lang ge-leden.
Toen waren Fred en de fotograaf nog bevriend met elkaar. De fotograaf noemde de kunstenaar zelfs de nieuwe 'JAN CREMER'.
Na een tijdje kwam Fred er helaas achter dat de 'fotograaf' aan een ern-stige vorm van jaloezie leed , achter zijn rug roddelde en daarmee met een ongezonde competitie drang in de kunstenaar scene bezig was.

In zijn gezicht was Bonestaak poeslief, maar plaatste de man toch wel te vaak chronische denigrerende opmerkingen over zijn werk en oeuvre , zodat Fred de "vriendschap" uiteindelijk verbrak. Vrienden moeten je immers energie geven inplaats van andersom.

Daarna plaatste Fred een enkele keer een satirisch stukje over de competitie drang van Bonestaak, noemde zijn naam summier of verkondigde in zijn humor dat zijn vrouw de "mooiste billen" van Europa had. Die boft nog eens!

Wat Fotograaf Bonestaak daarna deed, ruikt naar wel erg naar laag hangend straatvuil. Bonestaak heeft inmiddels alreeds tientallen artikelen van Fred van het internet geplukt, gecopieerd en deze als een rasechte stalker naar het Frans vertaald en naar allerlei kranten en overheids-instanties , rondom Freds woonplaats gestuurd.

Met andere woorden, de man, die zich zelf alhier op het volkskrantblog voorstelt als een integer mens, heeft een ernstig steekje los.

Valt dat niet onder plagiaat en officiele hetze vorming, als je andermans creaties met een valse bedoeling naar kranten en overheidsinstanties verstuurd?

De man pretendeert ook niet van geweld te houden. (Zegt hij in zijn relnichterigge hetzerige stukje alhier)

En dat terwijl hij met zeer veel verbaal geweld op de opening van Freds tentoonstelling kwam binnen stormen.

Hij kwam razend, tierend, schreeuwend en spugend op zijn prooi af en nam onderwijl hij agressief met zijn handen zwaaiend nog enkele glazen kletterend in zijn agressieve spoor mee.

Hij verloor onderweg ook nog wat vodjes papier met wat onsamende hangende namaak poezie erop.

Waarom had hij die vodjes bij zich????

Ook dreigde de geflipte Bonenstaak dat hij met een "ploeg Friezen" zou langskomen'.

Fred stond, nietsvermoedend, toen dat monstertje binnen kwam , met enkele genodigden te keuvelen en gemoedelijk aan een glaasje te nippen.

De geflipte fotograaf stormde met veel verbaal geweld naar voren en bleef op 2 centimeter afstand voor Fred zijn gezicht staan krijsen.

Waarop de kunstenaar kalm beantwoordde "dat hij uit zijn bek stonk en zijn tanden maar eens moest gaan poetsen bij de dorpspomp vlak naast zijn hut in het dorpje Créantay".

Nou, toen werd de man natuurlijk nog kwader en bleef hij als een gesmoorde humorloze gifkikkerige pad de tentoonstellingsruimte met zijn gekrijs bevuilen.

Enkele mensen zijn bang geworden en hebben de expositieruimte verlaten en heeft de gifkikker, het voldane gevoel wat je als kunstenaar kan hebben nadat al je werk hangt en het delen met publiek, kan beginnen, totaal verpest.

De gendarmerie is er op het nippertje maar niet bij gehaald!

En nu begint de schijnheilige meneer wederom alhier een hetze tegen Fred van der Wal.

De grensoverschrijdende overtredingen die hij zelf chronisch pleegt en van veel ernstiger soort zijn , worden niet in zijn stukken genoemd.

Ook kwamen er vooral LUCASWASHIER reacties in de reactieruimte te staan en heeft meneer mijn reacties verwijderd en mij een i.p. ban gegeven.

Ik vraag me echt af wat de redactie nu gaat doen.

Ik heb tegen deze bijdrage geprotesteerd.

Het is grensoverschrijdend wat er gebeurt.

De man steekt zijn hand niet in eigen boezem, heeft geen overzicht in zijn eigen rol in deze door rollende roddel en is in het echte leven nog gewelddadig ook.

En dat allemaal via de volkskrantweblog.

Hoe ver kan je gaan?

Als de man het allemaal zo erg vond wat de kunstenaar in satire vorm eens over hem schreef, waarom is hij dan niet gewoon naar de kanton rechter gestapt in plaats nu zo misselijk het volkskrant blog met valse roddel te bevuilen?

Projecteert de geflipte niet zijn eigen frustraties op de ander?

Is het niet erg obsessief wat er gebeurt????

Wist de man niet dat deze strekking buiten de spelregels van het volkskrantblog valt?

En vraag ik mezelf af....kan ik zelf wel via het volkskrantblog aankondigen waar en wanneer mijn eigen opening is?

Loop ik dan ook het risiko om een rotte eieren scene op mijn dak te krijgen?

Is dat waar de vrijheid van satire en kunst via internet naar toe gaat?

Is dat het?

Wil ik dat?

Hier vind u bijzonder potlood werk van Fred van der Wal, een van de beste potlood tekenaars van Nederland!

www.volkskrantblog.nl/bericht/143965

p.s.

En denk ik niet dat ik het eind van het jaar haal hier. Het is mij te glibberig, te leugenachtig...te rechts aan het worden op het volkskrantblog en krijgen de schreeuwlelijkers en de ellebogen werkers hier de overhand

13 aanbevelingen, beveel dit bericht aan bij andere bezoekers
Waarschuw de redactie!

9 reacties, reageer

Tags: valse roddelende rollende door hetze tegen fred

anoniem 29-07-2007

Ja, dit is een geheel andere versie....zo komt de waarheid meer aan het licht en kan ik me voorstellen dat u daar een bijlage over schrijft....maar onthoud wel; hoge bomen vangen veel wind...en ga gewoon door met alles waar u mee bezig bent;))

Duval / 29-07-2007

Met verbazing heb ik die actie tegen Fred gelezen ja...Inderdaad goed dat op deze manier ook een andere kant van deze situatie wordt weergegeven. Erg naar allemaal. Jammer dat het niet lukt om al die energie in iets positiefs om te zetten.

edu / 29-07-2007

Kom kom, als Fred allerlei vuiligheid spuit, dan is dat humor als iemand daar met normale taal zoals de bekende kwaliteitskunstenaar Boonstra tegenin reageert is het schandalig? Je meet nu erg met twee maten Isis!

Isis Nedloni / 29-07-2007

GOED LEZEN APP! GOED LEZEN IPV METEEN CONCLUSIES TE TREKKEN en ze venijnig met een wijsvingertje in m'n reactieruimte te plaatsen.

Het gaat helemaal niet om Freds teksten. Het gaat om iets wat zich heel lang geleden heeft afgespeeld en nu een grensoverschijdende proportie heeft aangenomen.

Ik meet met een maat edu.
Met de maat van de man die ik persoonlijk zeer goed ken en die mij zeer dierbaar is.
Hij is een beschaafde lieve overgevoelige betrouwbare vent die door velen, jaar in jaar uit onterecht de grond in wordt geboord. Ach edu..... zeker nimmer in een voorstelling van Hans Teeuwen heeft gezeten? En zo ja....werd je toen ook kwaad op zijn satirische teksten!

Isis Nedloni / 29-07-2007

In de redactieruimtes bij het tweede blogje worden nu ook schijnheilige oefeningen door LWH neergezet...men currumpteert in z'n eigen vuil... brrr....wat begin ik te walgen van het nivo aldaar.....brrrrr....... Ook kreeg ik een achterom mailtje van de fotograaf aldaar en zou hij het prettig vinden als ik hem terug antwoordde.....wat ik natuurlijk van z'n levensdagen nimmer doe......zelden geef ik m'n email adres weg...en als ik het wel doe, dan vertrouw ik de mens.....en denk maar niet dat deze man te vertrouwen is.....iemand die zoveel bij elkaar liegt is gewoon een geraffineerde en berekenende zielepoot....niet meer en niets minder....

PHM van de kletersteeg 29-07-2007

inderdaad.
de kliek banned je ook zo zonder weerwoord zonder wat.
blogs zouden nuttig kunnen zijn; hierdoor zijn ze waardeloos.
net als de VK van de laatste paar jaar

Isis Nedloni / 29-07-2007

Kijkt...en de hysterische fotograaf vind het allemaal zo belangrijk om op zo'n manier in de belangstelling te staan; onder leiding van onze schijn-fatsoenscheet robert engel plaats hij nu een blogje SORRY, om de reacties terug te plaatsen. HE MANNEKE! GA EENS OP DAT SCHONE WEBSITE JE VANLWH kijken , dan weet je tenminste in wat voor een leeuwenhol je je bevind....of vind je het niet erg om bij rechtse polariserende discriminerende mishandelende manipulatieve platte webloggers te behoren?
Daar is Fred immers nog eenzeer onschuldig heilig boontje bij in vergelijking met dat soort krieps.....zijn teksten bevatten tenminste nog meesterlijke invallen en sensuele humoristische toonhoogten en wonderbaarlijke woordspelingen.......daar hult alles zich in een onsmakelijk dom jasje.....Oh nee.... je woont in Rotterdam....vast een Wilder klux klux clan-...nu valt het kwartje....tssssss

fred van der wal / 29-07-2007

Mijn grote dank gaat uit naar mijn belangrijkste verdedigster en geliefde, begaafde collega Isis Nedloni. Wie Isis aanvalt krijgt mij op zijn nek en wie mij aanvalt Isis, dus een perfect duootje zou de tegenstander bewonderend kunnen zeggen en de duim op steken, niet de middelvinger. Toch hebben Isis en ik heel wat jolijt met elkander en beleven vreugde aan elkaars aanwezigheid en dat is niet vaak vertoond tussen twee creatieve mensen. Zonder enige overdrijving spreken wij in dit geval van Soulmates en zullen nog het een en ander van ons laten horen via onze roeptoetertjes. Ik geloof dat een "strijd" in woorden op papier of op een weblog ook het beste kan worden uit gevochten met woorden; een hoffelijk duel voor twee of meerdere personen.

De beledigingen van de niet met polemisch talent gezegende fotograaf betreffen voornamelijk in het verleden mijn werk en opstelling in het kunstenaarsplantsoen waar deze meneer erg weinig kaas van heeft gegeten en veel van horen zeggen heeft. In dit artistieke rozenplantsoen tier ik nu veertig jaren welig en met veel plezier. Ik weet waar ik over spreek als ik anecdotes uit het verleden op rakel en vind het erg vervelend als een betrekkelijke nieuwkomer in het beeldende veld mijn verhalen niet alleen in twijfel trekt maar op bot te wijze tot leugens bestempelt. Een bewonderaar van de powetica, hetzij liefhebber van zijn soms erbarmelijke proza en de fotografische wel erg gemakkelijke resultaten van de fotograaf ben ik niet en zal ik nooit worden.

In grote lijnen heeft Isis een juist beeld geschetst van de gebeurtenissen. Enkele malen liep ik lachend weg van zijn scheldkanonnades die gevoerd werden met de meest grove bewoordingen als "vuile, grote, gore klootzak" en soortgelijke simpele kwalifikaties die wellicht meer bij zijn achtergond dan bij de mijne horen.

Ik vond het een klucht en was totaal niet geïmponeerd. Beledigingen naar zijn echtgenote toe daar is nooit sprake van geweest, te meer daar zij aanvankelijk bij ons over huis bleef komen ook nadat ik haar wederhelft had verzocht ons huis niet meer te betreden.

Beweringen als zouden deze beide mensen "gestalkt" worden door mij zijn onbewijsbaar en via Google komt hun naam in mijn verband hooguit twee keer voor. Zij wanen zich heel wat belangrijker dan zij zijn.

Wellicht behoort het tot de veelvuldig voor komende ingebeelde groot-heidswaan van de door de overheid gesubsidieerde staatskunstenaar.

De slijmerige mail die de fotograaf aan Isis stuurde getuigt van zijn ma-nipulerende, kruiperige karakter, eigenschappen waarvoor ik geen enkele achting heb.

Ik geloof dat deze meneer met zijn aangekondigde acties ernstig rekening moet houden met een schrijven van mijn Franse advocaat en mocht een juridische procedure worden op gestart zou dat aanmerkelijke kosten voor hem mee kunnen brengen hetgeen ik de man niet gun: hij is dan naar ei-gen zeggen wel erg beroemd in Groningen en omstreken maar klaagt veel-vuldig over het niet toereikende, kleine pensioentje en zijn tweede hands automobiel.

Als man van de onuitsprekelijke vrede poog ik zonder uitzondering ge-schillen in de minne te schikken; helaas zijn daar twee partijen voor nodig met dezelfde gezindheid.

Agressief gedrag, bedreigingen, schreeuw- en scheldpartijen zijn een slechte basis voor een schikking.

Het is mijn oprechte wens als redelijk mens dat deze meneer af ziet van verdere acties en verbale bedreigingen tegen mij, zo niet dan zitten er ern-stige consequenties aan zijn gedrag. Helaas behoor ik niet tot de categorie kunstenaars die over zich laat lopen.

Isis Nedloni / 29-07-2007

Nou , dank je lieverd.....sluit het nu maar wat af en ga vooral van je ten-toonstelling aldaar genieten.;)))))

En als we geluk hebben dan copieert robert engel jouw reactie alhier naar de stortplaats van Rommel...of hoe heet de man.

Dat is wel zo makkelijk ...'t scheelt een hoop typewerk...en je weet het ...als de hetze doorgaat dan volgt er simpelweg een juridische weg.

Wat een geluk dat er rechters bestaan.

Wat een geluk.

Zonder dat zouden we verloren zijn.

M'n lieve Dierbare TaalBeest

Sleep well......

Sleep well XXXXXXXX

27 aanbevelingen, beveel dit bericht aan bij andere bezoekers

30 reacties, reageer

Tags: breaking news weblog queen isis nedloni verdedigt fred der wal

fred van der wal / 30-07-2007

Het is spijtig dat iemand die je aanvankelijk je vertrouwen geeft, de ama-
teurfotograaf R.B. die beweert te Clamecy te wonen maar in werkelijk
heid in Creanté, een gehucht van drie huizen en een paardenkop, plus een
schrijfster van Boeket serie kasteel romannetjes, in een gat dat op geen
kaart voor komt, waar je nog niet dood gevonden wil worden bij de dorps
pomp en hij een paar maanden per jaar als toerist verblijft, achter je rug
om je persoon en werk op een laffe wijze aan valt. De ervaringen met
deze meneer en zijn tweede vrouw zijn niet erg verheffend geweest en ik
zal daar nu niets over mededelen. Al geruime tijd geleden heeft hij een
mail van mij gekregen dat hij hier niet meer welkom was, maar zijn echtgenote gewoon nog langs kon komen. Helaas ging deze mevrouw ook
steeds meer onprettige op- en aanmerkingen maken, die niet erg getuig-
den van goede smaak en hoffelijk gedrag, maar misschien valt er van Rot-
terdammers weinig te verwachten. Wij komen nu eenmaal uit Amsterdam
oorspronkelijk. Onze witte Sancerre liet zij zich overigens goed smaken
en een vrouw van haar lengte en omvang kan wat verstouwen en dat is
goed voor de verbranding. Zo nu en dan hebben we ook wel wat met elkaar afgelachen. Voor zo lang als het duurde. Twee maanden geleden

keerde zij zich onverwacht tegen Ina en mij. Jammer, maar helaas. Ik laat niet over mij heen lopen en zeker geen hele marsen met de fanfare voor op en een majorette achter aan.

Afgelopen zaterdag heeft meneer R.B. zichzelf onsterfelijk belachelijk gemaakt door vloekend en scheldend een expositie ruimte binnen te lopen waar gelukkig de Franse organisatrice en wij aanwezig waren. Het kostte mij moeite om mijn lachen in te houden en twee keer liep ik even naar buiten om hardop te kunnen schateren. Ik ben niet snel onder de indruk van intimiderend hufterig artiesten gedrag. Meneer sprong met het schuim op de bek van zijngrauwe konijnkop door de expo ruimte als een kikker met mixomatose en nam fotos van mijn werk waar ik copyright op heb en hij niet.

Hij dreigde met een ploeg Friezen die onderweg zou zijn om de boel kort en klein te slaan. Ik stelde de organisatrice voor de gendarmerie te bellen om hem op te laten sluiten. Hij dreigde met in zijn ogen "ludieke" acties, zoals het versturen van lasterlijke brieven aan Franse autoriteiten die met mijn naam ondertekend zouden worden door hem. Ik deelde hem mee een uitsteken de Franse advocaat te kennen die hier de status van een Moscowitz heeft en hem goed zou kunnen aanpakken wegens valsheid in geschrifte en laster als hij acties zou gaan ondernemen. Op twee centimeter afstand van mijn gezicht stond hij tegen me te schreeuwen maar ik vertok geen spier en zei alleen maar laconiek: "Ga je tanden poetsen, je stinkt uit je bek!" De held vertrok toen snel op zijn mini vouwfietsje.

Ik hoop dat hij een tube Macleans heeft gepakt en een afgesleten tandenborstel; bij dat soort kunst artiesten van het slappe koord is per slot van rekening alles afgesleten, zelfs de voordeur en de omgangsvormen.

Conan 30-07-2007

Fred, bij deze: Rommert Boonstra heeft geen ruggegraat. Ik hoop dat je nog vele malen bij ons op LWH komt bulderen en tieren, en dan zetten wij je weer voor paal en daarna mag jij weer een potje schelden en vies praten. Ok, ouwe visnet panty van me?

Wim Duzijn / 30-07-2007

Toch word je nu door je tegenstander DE HEER FVDW genoemd, FRED, en dat klinkt toch echt veel sympathieker dan het "ouwe visnet panty" van de zich "Conan" noemende bezoeker hierboven. Ik bedoel, wat gaat het een ander aan wat jij draagt? Je draagt ook Donald Duck sokken. Maar daarom gaan we toch niet met z'n allen kwaken als jij binnenkomt? Hoe-wel...

fred van der wal / 30-07-2007

Conan,

Vurige Cannonball!

Uit welke loop ben je nu weer afgeschoten als verdwaalde kogel in de roos van een "verkeerd weblog".

Fopspeen Rommert Boonstra lijkt heel wat guts in zijn broek te hebben maar hij is een kind zonder ballen; soms is het leuk met kinderen te spelen met ballen, maar bij nader inzien ben ik er weer te weinig paedophiel voor. De zandbak is gesloten! Grote Mensen Werk wacht. Doch opge-past; als je zo doorgaat ga ik je nog serieus nemen en waar blijven we dan weer? Dat is toch niet gepermitteerd? En moet ik dan weer een panty aan of kan ik ook alleen in tutu en op spitzen. Ach, onzin; ik vraag gewoon Superzoenvis weer eens om raad en daad! Hand- en spandiensten! Ook die!

fred van der wal / 30-07-2007

Schoorvoetend met de pet voor de gulp moet ik Conan helaas gelijk geven en wat voor winst valt er nou te halen uit andermans gelijk, daar ben ik helemaal niet blij mee; het doet me allemaal heel veel verdriet en de Valiumpot is al bijna leeg en de vergulde pil van Drion ligt goudkleurig op mijn nachtkastje naast de gebittenbak, die ik soms als urinaal gebruik en de sputumpot als opvang voor mijn groene slijmerige braaksel als watje dan -Boehoehoe, even mijn geruite boerendzakdoek want ik schiet weer echt helemaal vol- ik moet onmiddellijk Isis mailen misschien kan zij mij kalmeren en raad geven. Ik denk van wel!

Isis Nedloni / 30-07-2007

Jezus....de humor schuifelt over de grond....het lijkt wel een relnichten circus....heb ik hier mijn best voor gedaan?...ach mannen....alles went behalve een vent...straks komen ze bedelen om meer publiek daar op het LWH....daar is ze het allemaal om te doen...'k begin het webloggen steeds meer een vreemde vertoning te vinden...de ene keer is de mens geschokkeerd...daarna weer in de lianen van plezier...dan wordt die weer gemolesteerd....dan is het weer huilebalken tijd en vraagt men mij om raad???

Nou...nou...nou...nou...nou....nou...breekt mn klomp...ik denk dat ik maar gauw m'n glazen muiltjes aan trek en de koets in sjees die mij naar het bos vol draken brengt....daar weet ik tenminste waar ik aan toe ben.... pompompom.....

Andreas / 30-07-2007

Te veel herhaling in het blog boven. Voor regelmatig menstruerende watchers dan, voor gelegenheidsbezoekers is het een kleine cultuurschok. Gewoon doorgaan!

Conan 30-07-2007

Nee nee, van serieus zijn krijg je houtmolm in je ballen. Laten we mekaar nou maar gewoon met waterpistolen blijven natschieten: een lachstuip is gezonder dan een hartverzakking.

fred van der wal / 30-07-2007

Alsof een hartverzakking geen lekker gevoel is voor een doorsnee maso-
chist in jarretelles, laatst nog in de tram, lijn dertien, niet symbolisch,
maar toch, toen...nou ja, black out, elf weken coma, portmonnee gejat en
mijn Rolex, even dotteren, twee pacemakers in plaats van één, stalen plaat
in me kop, nieuw strottenhoofd omdat ik net zo uit me bek begon te stink-
en als Rommert, ballen er uit, die waren toch te groot geworden om door
de draaideur te kunnen van de Bijenkorf, ongeveer als een poef, de behan-
delende geneesheer keek bedenkelijk, krabte aan zijn ballen, keek pijnlijk
en mompelde iets van "De gevreesde Ziekte Van Mul", te lange zak en
een te korte lul, zo dan weet je wie je in huis haalt met zijn vuilbekkerij,
vraag maar aan die lieve boy Rommert!

fred van der wal / 30-07-2007

Zeg Andreas, wat zijn dat voor gore praatjes met je menstruuwaatsie kom-
pleksen. Een goeie stuurman bevaart ook de rooie zee! Zo lang je de hand-
spaken van je stuurknuppel maar vast houdt komt met jou alles goed.
Recht zo die gaat, skipper! Gepakt in je kruis door een buitenwipper!

Conan 30-07-2007

Zolang je de vloer niet onderschijt als we je op de schouders klopppen
valt het wel mee, toch? Zelf voorkom ik dat met een bal voorgekauwde
stopverf en natuurlijk m'n stoma uit de buurt van scherpe voorwerpen
houden.

SWEETKISSABLESUPERSUNKISSFISH 30-07-2007

Ja, JA, nu is het een smakelijk leuk theater!

Het gaat over de grens van vulgariteiten en kan ik alleen maar lachen!!!!

Klapklapklap!

Aplaus!

Leve de onschuldige baldadige humor!

AND KISS YOUR EVENING BABE GITARMANXXXXXXX

Conan 30-07-2007

jij moet ook veel meer lachen madame Bonbon.

fred van der wal / 30-07-2007

Even nog openlijk waardering voor mijn geliefde Isis Nedloni, die er altijd weer in slaagt vlammende betogen met vaart te schrijven en vanuit een eigen invalshoek getoonzet, kwaliteiten die door geen andere vrouw op het Web log worden geëvenaard. Voor mij blijft Isis schitteren aan het firmament van het weblog wezen en nog helderder branden in het nacht gebeuren van mijn leven. Isis is een monumentaal taalgebeuren dat onnavolgbaar is. Verdere kwaliteiten houden we even onder ons als de lezer het goed dunkt!

Conan 30-07-2007

Maar het wordt tijd dat we weer eens wat aan Fred en Isis gaan doen op LWH, schikt het u eind augustus? Of liever begin september?

SWEETKISSABLESUPERSUNKISSFISH / 30-07-2007

Conan.....in het vervolg vermom ik me...en verlaat klappertandend de ruimte van mijn heerlijke ver weg wonende minnaar....en vraag me terwijl ik wegdribbel.....worden we dan op het schavotje gelegd en onthoofd?

Dat lijkt me ook weer eens wat anders.....of mischien aan zo'n touw bungelen.....nou dat wordt me wat...ik heb hoogte vrees en er komt dan wel erg veel adrenaline los.....een soort fear or fight reactie....laatst ‚jaren geleden heb ik me laten verleiden voor de peoton/efteling....na geschreeuw moest ik het eerste kwartier alleen maar schelden.....zo'n dier is ik...mijn lijf dacht aan gevaar.....aan vreselijk gevaar....

Soms voelt het weblog ook zo aan....maar ook dat schijnt illusie te zijn.....

Conan 30-07-2007

Dat blijft een verrassing, of eigenlijk verzin ik dat tegen die tijd wel, maar als je nou eerst twee flessen wijn doet voordat je kijkt, komt die lachstuip vanzelf. Daarna komt Fred weer bulderen, bulderen wij weer terug en dan zeiken we mekaar weer lekker ouderwets af. Of zoiets.

SWEETKISSABLESUPERSUNKISSFISH / 30-07-2007

Hahaha...je hebt er wel zin in hè Conan? Je mist het? Ja....zo'n toon kan ik wel volgen....hahaha....alleen met twee flessen wijn achter mn kiezen lig ik wel voor pampus....althans dat denk ik...zo ver komt het zelden..of ben ik de tel dan kwijt.....trouwens...ik kan vreselijk schuddebuikend bulderen van 't lachen...tot pijn in me kaken an toe... altijd...overal...anytime....

Conan 30-07-2007

Je begint het te snappen. Da's mooi, en daar gaat m'n zorgvuldig opge-bouwde image van lomp varken. Fred, doe es wat deleten, dadelijk denkt de fatsoenlijke vkbloggemeenschap nog dat ik een hart heb.

fred van der wal 31-07-2007

Isis Poetry Queen of the WeblogHop heeft gelijk zoals altijd in haar ge-nuanceerde oordeel en rijke innerlijke belevingswereld. Het is haar grote voordeel, dat geen nadeel hep. Enne...een Iron lady met charisma terwijl sommige Webloggers No Iron ladies zijn, ook de mannen, die zijn dus niet te strijken. Geen probleem, als serieuze, integere, zelden lachende, zwaar tillende calvinistische, somber ogende, wereldvreemde kunstartiest ga ik voor de enige echte Iron Lady van lichtmetaal die te strijken is. Nee, niet door U! Alleen door mij!

En de opponenten? Die kunnen mij de bout hachelen! Toch? Ik bedoel maar; een R.B. die vroeg of laat toch weer naar Groningen afdruipt met zijn lieve vrouwtje, die mensen redden het hier toch niet, na drie maanden per jaar trekken ze al wenend af naar Rotterdam als artistieke voederbieten om het busje Valium opnieuw te laten vullen door het ziekenfonds. Het is zonde dat ik het zeg, maar het moet gezegd worden. In het ruige Bourgogne redt je het niet met lullige rijmpjes, hoog gestemde overpeinzingen en in elkaar geflanste amateur kiekjes. Wie hier in deze atavistische gemeenschap geen hamer kan vast houden, electriciteit aanleggen, groot onderhoud plegen, metselen, een Luger of dubbelloops kan hanteren zal nooit het respect winnen van de bevolking.

Conan 31-07-2007

Godsamme Fred, dus je laat dat ouwe lijf van je 's winters ook nog flink bij beunen met het schoonspuiten van septic tanks en afvoerputjes van die frommage-buurvrouwtjes en hark je met een bult zweet en een kalashnikov op je rug moestuintjes? Respect!

fred van der wal / 01-08-2007

Ik heb gepoogd de brouille met Rommert en Henriët bij te leggen en zelfs Rommert en zijn echtgenote nog eens uitgenodigd om op een terras te komen zitten van een klein stadje waar een Brocante aan de gang was, ze gedroegen zich zeer timide in gezelschap van onze goede vrienden Madeleine en Karel van W. , zelfs op het kruiperige af en spitsten hun oren toen ze hoorden dat Karel internist was. In kapitaalkrachtige mensen waren zij altijd geïnteresseerd. Kassa!

fred van der wal de berriberriberenman 01-08-2007

Conan,
lachen doet Isis Nedloni naar mij
met mij en soms om mij
Maak je niet ongerust
over de lach dosis en anders is daar toch
het lachgas van Lucaswashier

dat meer op Zyklon B lijkt
in een sfeer van de meest gassige dagen
van de 20-e eeuw

fred van der wal / 02-08-2007

vanochtend, 2 aug. , belde Frederic B; voorzitter van Le Groupe mij voor het adres van Isis. U ziet, lieve lezer, haar naam is doorgedrongen tot in de hoofdstad van de Nièvre. Denkt U niet te simpel over de monumentale dame Isis, waar ik heel wat meer in zie dan in menig Hollander hier in de omgeving!

fred van der wal / 02-08-2007

Vandaag zijn de voor mij drie zeer beledigende en leugenachtige weblog bijdragen van fotograaf R.B. verwijderd na een klacht van Isis Nedloni aan de Volkskrantredactie. Ik begrijp dat R.B. met zijn opruiende acties bakzeil heeft gehaald. Ook raad ik iedereen aan voorzichtig te zijn met verdere stappen in de agressie tegen mij. In kunstenaarsland sta ik bekend om mijn dertigjarige oorlogen en mentaliteit van een niet gemuilkorfde pitt-bull vechthond. Ik ben een culturele straat vechter die zijn opponenten graag niet reglementair onder de gordel treft...dat treft!

fred van der wal 03-08-2007

Ik hoop R.B. en zijn wederhelft niet meer te zien. Voor een gesprek is het nu te laat. Ook H. heb ik uit mijn leven weg gesneden als een kanker-gezwel uit mijn gewelfde borsten. Het afscheid geeft mij vreugde noch bitterheid. We hadden elkaar niets te vertellen. Bij de eerste ontmoeting verzekerde H. mij dat "wie zij in haar hart had gesloten daar voor eeuwig aanwezig zou zijn".
Ik dacht toen al; opgepast! Deze dame is mij te pathetisch en te snel met een relatief on bekende in heur hart sluiten. Vriendschap die per mondeling contract wordt aangeboden is geen vriendschap. Ik heb gelukkig een goede intuïtie voor mensen met streken en doekjes voor het bloeden!

99

fred van der wallenberenmanaanzoenvis / 05-08-2007

Als ik Zoenvis niet had gehad dan had ik goed pech gehad!

fred van der wallenberenmanaanzoenvis / 06-08-2007

Zoenvis is de enige vrouw die mij begrijpt en ik ben de enige man die Zoenvis (be)grijpt

fred van der wal / 27-08-2007

Beste Wim Duzijn,

Donald ducksokken en visnetpanties vloeken niet met elkaar maar hebben een aanvullende, misschien wel aanzuigende werking;

fred van der wal / 27-08-2007

Dag Guitarlicker Conan,

okee man, als jij een leuke panty mee neemt en daarna de Jerry Lee Lewis Song "Let's talk about us" speelt ga ik me even verkleden en als jij dan die leuke, eigentijdse tattoos even ontbloot gaan we me toch even een feestje bouwen, zet de vaas met Blowtjes en de krat pils maar op tafel, plus een paar aangenaam ogende tieners van de vrouwelijke kunne onder handbereik.

© september 2008, fredvanderwal, BasicPublishing.nl

Reacties: Wim Duzijn

Ehh, die DONALD DUCK sokken FRED..., draag je die nog wel eens...? Hoor er weinig meer over de laatste maanden.

GEPLAATST OP: 2008-09-23 Wim Duzijn

Tja, ik weet niet FRED. Wanneer jij zegt dat je zonder vijanden niet leven kunt, dan moet je je tegenstander eigenlijk erg dankbaar zijn. Als een soort beschermende godheid schenkt hij jou "het leven"...

GEPLAATST OP: 2008-09-23 Goldmember fredvanderwal

Isis Nedloni in één van haar vlammende betogen want als Isis vuur begint te spugen dan krimpt de vesuvius in één tot een onooglijk vetpuistje op het aangezicht van Moeder Aarde!

LUCAS WAS HIER IS AL NIET MEER HIER MAAR ROBERT ENGEL...

december 2, 2014

ROBERT ENGEL GANGMAKER VAN SITE LUCASWASHIER NU VEROORDEELD TOT 5000 EURO BOETE EN 1500 EURO PROCES-KOSTEN VANWEGE STALKING, SMAAD EN LASTER.

Ik heb NOG STEEDS geen grote hekel aan Robert Engel alhoewel hij mij diverse malen op het verkeerde been poogde te zetten door onder aliassen te reageren op mijn weblogs en mails stuurde onder diverse namen om mij te misleiden.
Is dat ernstig?
Nee.
Zijn site Lucaswashier waardeerde ik zo nu en dan door de sarcastische, soms ironische dan weer humoristische uitvallen naar o.a. mijzelf.
De gevoelige Weblogster Isis Nedloni had er meer last van dan Fred van der Wal overigens.
Robert Engels recente veroordeling herinnerde ik mij weer een weblog van mijn hand waarin ik mededeelde hoe Lucaswashier, aanvankelijk een medestander van de Rotterdamse fotograaf R.B. die op het Volkskrant-blog een actie begon om mij te laten verwijderen door de internet redactie, die op niets uitliep en R.B. de gehele crew van Lucaswashier tegen zich in het harnas joeg. Het volgend weblog uit 2007 refereert daar zijdelings aan:

DE DICHTER ZWIJGT, LANG LEVE DE DICHTER!

Sinds Rutger Koplands flauwe gedichtje over een slaplantje is iedere zoveelste rangs plattelandsdichter los gebarsten in odes aan worteltje, tomaatjes, sperziebonen, lulletters, luvletters, voederbieten, gumkwatten, meloenen, limoenen plus waterkonijn en staat ontroerd stil met zijn Nordic Walking stokken en designbrilletje bij iedere afgevallen kastanje en observeert uren lang het in de zwoele zomerwind naar alle kanten waaiend gekrookte riet, als metafoor voor het gebrek aan eigen ruggegraat, zoals door de deelnemers aan de bekende website Lucaswashier (met als spreekbuis Old Rocker Conan Rabarber) ten aanzien van hierboven bedoelde nep- en namaakdichter enkele maanden geleden feilloos is vastgesteld. Sjappoo! De Boys In The Band van Lucaswashier verkoop je geen slappe gedichtjes hetzij knollen voor citroenen, omdat ze overal door heen prikken!

De ruggegraatloze dichter R.B. die een agressieve actie (2007) tegen Fred van der Wal dacht te organiseren waarmee hij opriep tot geweld tegen de onschuldige kunstschilder, die van de Prins geen kwaad wist en al in tranen met tuiten uitbarst als hij een speld hoort vallen, werd onmiddellijk terecht gewezen door een aantal trouwe webloggers en weblogsters, die ik in mijn hart draag.

Een vlammend betoog van Weblogkoningin Isis Nedloni spande daarbij de keizerinnelijke kroon en maaide het gras onder de voeten van onze gras- en groente poweet totaal weg, die sindsdien niets meer van zich laat horen.

Een ongeluk komt zelden alleen, toen mij duidelijk werd dat de echtelijke onmin het vervallen Franse kot van de poweet was binnengeslopen en de hoog oplopende ruzies moesten worden gesust met vreten in een dure ballentent, een in burgerlijke kunstkringen algemeen geaccepteerde handelwijze voor lieden met de manier en van een doorsneeproleet om het vrouwtje weer een paar weken vrouwtje koest te houden tijdens het ophokken in het neuk hok want een artiest wil wel eens wat.

In de achterliggende maanden (2007) heb ik tot mijn grote vreugde respect gekregen voor de deelnemers aan de site Lucaswashier, vooral omdat ik regelmatig mocht terug komen om ze helemaal verrot te schelden, waarop zij mij weer in de overtreffende trap voor nog rottere vis uitmaakte en Oh, Boy, It Feels So Good, want wie kaatst moet de bal verwachten en als die bal dan toevallig uit graniet is gehouwen kan mij wat verdommen, dan moeten we maar leren vangen! Toch? Vroeg hij koket! Is het leven dan iets anders dan incasseren? Het blijft toch pompen of verzuipen en wie boven ligt, die ligt gewoon boven en of dat de vrouw is of een man zal me een vette worst weez'n, that's the question! Mensch, durf te leven. Dit gaat diep! Nee toch??? Gotsalmetruttebollen!

3 reacties

fredvanderwal

Hoe Robert Engel elke keer weer zichzelf slachtoffert via het internet is opmerkelijk. De reden daarvan ontgaat mij. Wellicht een tijdsverschijnel. Doet me denken aan de film Clockwork Orange. De totale ontaarding als onthutsend toekomstbeeld. Engel, bekeer u.

fredvanderwal

http://www.frontaalnaakt.nl/archives/kritiek.html

Plaatsvervangende schaamte

Een nieuwe aanwinst : docent webloggen aan de Avans Hogeschool Robert Engel, (…) gênant gescheld, dreigementen en ridicule zelfverheerlijking, van mij een IP-ban kreeg en nu constant onder allerlei pseudoniemen reacties plaatst, waarover hij dan op zijn eigen weblog gaat zitten opscheppen

Dit is dus een veertiger met een weblog (…) dat vol staat met getier en gescheld waar je plaatsvervangende schaamte van krijgt. (…)

Docent webloggen – een geestelijk gestoorde met een weblog vol beschamende bagger, die zichzelf een virtuoos in het "rickrollen" waant. Nou ja, misschien is dat ook wel zo. Die hogeschool heeft zich goed laten "rickrollen" door Engel die, als je hem om een onderbouwing van zijn beweringen vraagt, nog een beetje meer scheldt en tiert en als je hem daarna van je site schopt, onder verschillende pseudoniemen komt schelden en tieren en dat "rickrollen" noemt. What de fuck leert die zijn studenten?

VOLKSKRANT HATEBLOGGERS TEGEN FRED VAN DER WAL

TIJDENS DE JAREN VAN HET OPGEHEVEN VKBLOG VER-
KLAARDEN DE ACADEMISCH GEVORMDE VK WEB LOGGERS
ALS DEELNEMERS MET HUN AAN- EN INHANG STUK VOOR
STUK:

1. Dat mijn weblogs "niets" waren.
2. Mijn Nederlands "buitengewoon slecht" en "onleesbaar".
3. Mijn schilderijen niet om aan te zien.
4. Mijn tekeningen "geen tekeningen waren" maar met carbon gemaakt.
5. Mijn zeefdrukken lithos en etsen geen grafiek zouden zijn.
6. Mijn schilderijen "niets" waren.
7. Mijn fotos en foto montages "helemaal niets" waren.
8. Mijn werk "nooit kon zijn aangekocht" door CRM projectgroepen van
de NKS en niet vertegenwoordigd in het Stedelijk Museum Amsterdam
(negen werken) en het Rijksmuseum Amsterdam (13 werken), het ICN
(51 werken) noch in het Fries Museum Leeuwarden (twee zeefdrukken),
Museum Mohlmann (1 schilderij), Dieuwke Bakker collectie (1 schilderij,
1 tekening, 5 werken zijn verdwenen dankzij het beheer van de collectie
door heel verantwoordelijke dames en heren).
9. Mijn cv "gelogen" was.
10. Ze met zijn allen "aangifte bij de polietsies tegen mij zouden doen"
vanwege mijn teksten op Vkblog en OBA.
11. dat ik een "sociopaat" , "psychopaat", "dementerende", paranoïde" en
"psychiatrisch gestoorde" zou zijn.
12. Mijn exposities geen exposities waren geweest.
13. Dat ik nooit op het Vossiusgymnasium heb gezeten maar toevallig in
de lijst "bekende namen" van het Vossius gymnasium "per ongeluk" een
Fred van der Wal voor komt die ook Fred van der Wal heet en toevallig
ook kunstschilder is. Hoe verzint een mens het bij elkaar!
14. Mijn lijst tentoonstellingen "gelogen" was.

De moderne nsb-ers, versliegeraars, haatdragers en verlinkers zijn onder ons. GP cs. Een vriendelijk aanbod mijnerzijds om ter verzoening een zeefdruk uit te wisselen voor een fotobestand van een hoog intelligente, ogenschijnlijk aimabele weblogger te Nijmegen werd aanvankelijk minzaam geaccepteerd doch uiteraard door mij gecanceld nadat zijn echtgenote drie hate-blogs aan mij wijdde, die ondanks mededeling van de Nijmegenaar niet zijn verwijderd van het weblog van zijn wederhelft, die klaarblijkelijk de broek aan heeft.

Zij werd "beroerd" van mijn werk, maar had nog nooit iets van mijn hand gezien. De onzinnige hateblogs tegen Fred van der Wal zijn diverse malen gepubliceerd ondanks mijn vriendelijke en beleefde verzoek ze weg te halen.

Ken ik deze personen die mij lastig vallen met hun onzin? Kennen zij mij? Gotsijdanck niet en ik wil ze liever niet leren kennen voor het gemak ook … U vindt dat "bevreemdend" en "o-zo bekrompen"? Nou, ik toevallig niet!

© september 2013, fredvanderwal, BasicPublishing.nl

TERUGBLIK OP HET VOLKSKRANTBLOG DOOR KLAVER-BLAD, THERA, WIM DUZIJN EN FRED VAN DER WAL

FRAGMENTARISCH

1 maart gaat hier de vlag uit als het VKblog wordt opgeheven. En als het niet anders kan de Friese. Elke keer als ik die vlag zie zal ik eerbiedig mompelen ; GP! GP! En salueren. Ook dat nog.

fred van der wal 16-02-2011

Na maandenlang lastig te zijn gevallen door academicus GP die mij wel even zou "ontmaskeren" zoals hij Krudzlo had ontmaskerd en waar GP, als de lezer de uitwisseling van reacties en weblogs mijnerzijds hebben gevolgd, totaal niet in slaagde en geen van zijn beweringen kon waar maken is mij elke lust tot continuering binnen de context van het VKblog goed vergaan.

Vooral toen een aantal van zijn medestanders er zich mee gingen bemoeien en er julie 2010 drie (!) weblogs zijn gepubliceerd met de meest schunnige beledigingen aan mijn adres betreffende mijn werk en persoon.

Deze mensen staan nog steed achter hun toenmalige handelwijze bleek een paar dagen geleden toen ik daar terloops in een mail nog iets over zei tegen een meneer die zich daardoor hoogst "beledigd" voelde .

Eén van de mij beledigende weblogs publiceerde ik een paar dagen geleden met mijn cursief geplaatste commentaar dat aanvankelijk mocht blijven staan 's middags om in de avond het bevel te krijgen het weblog onmiddelllijk weg te halen, want desbetreffende had geklaagd.

Het is mijn gewoonte om de moderatie niet te bekritiseren of onnodig lastig te vallen, dus verdween het weblog om elders op te duiken. Aldus zie ik de datum 1 maart met een duivelse vrolijkheid tegemoet.

O, ja; er zal wel weer een larmoyante oproep komen van webloggers om met gespeelde eensgezindheid een weblogborrel te houden in een beatkroeg uitermate geschikt voor tieners. Ik zal niemand van het weblog missen.

Klaverblad 16-02-2011

@ Freddy/Bromsnor

Er waren genoeg bloggers die zich afzijdig hielden van de ruzietjes, conflicten, polemieken. Hun goed recht en niet onverstandig. Van de andere kant liet TelMiep zien dat er ook stelselmatig dezelfde bloggers waren die kwamen kijken bij blogs met de nodige reuring, maar niet reageerden: gluren achter de vitrage. Ze zou zo een rijtje namen kunnen noemen. Op zich vond ik die feiten wel vermakelijk. Nogmaals: wat leven in de brouwerij kan geen kwaad.

Klaverblad 16-02-2011

@ Fred,

ik ga eerst 'ns gezellig koffie drinken en kom dan bij je, want je frediaanse reactie mag er zijn, geheel in stijl zou ik willen opmerken.

fred van der wal 16-02-2011

Het toppunt in de GP correspondentie mag ik misschien nog even in de herinnering brengen dat deze meneer mij aanbood om "eens een borrel met hem te gaan drinken".
De voortdurende aanvallen van GP hebben mij gestoord. De toon was gezet.
Zo zout heb ik zelden de eerste violist in het Friese dweilorkest op de trompet horen blazen.
GP de investigative journalist?
Een container vol vraagtekens om achter die claim te zetten is nog niet genoeg.
De aankondiging dat Isis zowel als ondergetekende eens flink verbaal te pakken zouden worden door FM deed Isis en mij besluiten niet naar de jolige avond te gaan. Cabaret heb ik altijd verafschuwd en beschouwd als een tijdspassering voor studenten die weinig omhanden hebben.

Ik kende één van die jokers uit Amsterdam; twintigste jaars rechten, maar de lolligste van het stel. Ik heb er niet om moeten lachen. Volkomen overbodig deelde hij mij eens bij een etentje van de redactie van een handenarbeidblad mee dat een kweekschool voor onderwijzers niks voor stelde want "daar leerden ze 5 jaar lang hoeveel een plus een was en dan nog wisten ze het niet". Corpsgebral dus!

Hij moest eens weten hoe intensief het programma van een goede kweekschool was en wat het opleverde na de vijf jaar aan hoger kader. Alle manlijke klasgenoten studeerden door. De meisjes vielen af als rijpe appels op de huwelijksmarkt. Neukvee dus. Schapen. Rijp voor de keuken om in de wasbak op te neuken met de koude straal van de open kraan op de billen op het moment van het orgasme om dat flink te verhevigen. Schrikreactie hitst seksjuweel op.

Een andere zeer griffermeerde olijkerd student filosofie haalde zijn doctoraal met moeite op zijn 47-e, een studentikoze "loopbaan" door 29 jaar lang op staatskosten de boemelstudent uithangen.

Moeiteloos zou ik kunnen door gaan met een groot aantal soortgelijke ervaringen te vermelden.

Korte tijd was controverse tussen GP, Kokopelli en mij onder het virtuele vloerkleed geveegd. Ik was niet zo naief om te denken dat de opvattingen van genoemden in mijn voordeel waren veranderd hetgeen enkele dagen geleden bleek.

Het kan niet anders dan een uiting zijn van AA (Acemische Arrogantie). Nooit heb ik een andere houding kunnen constateren bij de academisch geschoolde fijnzinnige intellectuele bovenlaag.

Iedere academicus kan rekenen op mijn gezonde dosis argwaan.

Is dat niet mooi? Ja, dat is mooi!

Of ik hun bloed wel kan drinken? Welnéé!

En waarom niet?

Omdat zij geen bloed, maar laf, verschaald bier in hun aderen hebben.

Hahahaha, meheer van de Wallen! Wat bennu weer goed!

U kunt zo optreden in het cabaret Dubbelfout!

Dat zal dan wel driedubbel fout worden.

Klaverblad 16-02-2011 09:39

@ Fred,

GP is met afstand de grootste etterbak die ik op het VKB heb mee gemaakt. Een pure treiteraar, die zich ook in reactieruimtes niet veel anders manifesteerde. Een persoon die er op uit was/is mensen het bestaan onmogelijk te maken. Hij moet een lijntje met de VKBlogredactie gehad hebben, die hem vanwege "verdiensten" beschermde, want er zijn er heel wat voor minder de club uitgezet.
Zelf heeft-ie nooit meer gepresteerd dan flauwe technoplaatjes te publiceren. Kwaliteitsbloggers bleven dan ook bij hem weg. Onbegrijpelijk dat een Glaswerk hem bleef bezoeken. Ineens had hij een periode waar-ie verscheen met jeugdfotos, een uitbottende padvinder, die wat sentimenten moesten oproepen. De man moet een beroerd privéleven hebben om zo te willen behagen.
Je polemiek met Krudzlo ging me vervelen en heb ik niet meer zo gevolgd. Zo verging het trouwens met meer duels, die na verloop nog weinig omstanders genoegen opleverden.
Klagen of oproepen om te bannen heb ik nooit gedaan. We maken allemaal fouten en wie de eerste steen werpt...je kent het wel. Ik heb wel mijn reactieruimte gezuiverd van neuroten, stalkers, schoffeerders.
1 maart komt voor mij ook niet ongelegen. Het kan me van een verslaving afhelpen. Ik zie de interactie verder afzakken. Da's wel jammer, want ik ben toch gehecht geraakt aan bloggers.
Je laatste opmerking is erg onaardig, zij het wel eerlijk. Ik vind dat je zeker Wim Duzijn mag prijzen om zijn niet-aflatende bezoekjes en bijdragen.

Klaverblad 16-02-2011

@ Fred,

Zie nu je tweede reactie, die prettig leesbaar is. Over het metablogcabaret is al genoeg geschreven. Het viel allemaal wel mee -heb ik begrepen- met de (persoonlijke) aanvallen. Het tekende de sociale intelligentie van Frans M. die toch wel vriendjes wilde behouden op het VKBlog. Ook nog eens met de moderatrice in de salon.

Toen de man in zijn nabeschouwing om extra applaus ging vragen, viel hij helemaal door de mand. Een zelfvoldane ijdeltuit, die zelf gauw op de teentjes getrapt is. Zijn verweer in reactieruimtes vond ik vermakelijk om de zedemeesterij. Hij volgde nooit iemand, kwam toevallig wel 'ns langs en keek wel 'ns naar TelMiep en begon dan zijn filippica. Zo doorzichtig allemaal.

Ik heb bijna al z'n blogs gelezen en het meest richtte zich op het natrappen van BN-ers of bloggers die (in de publiciteit) al op de grond lagen. Dan moet dat genoegen bijna wel een karaktertrek zijn. Dat soort gasten genereert altijd aanhang, meer uit vrees om zelf aangepakt te worden dan uit bewondering.

Academisch niveau zegt me op zich niet veel. Beschaving is vaak ook maar uiterlijk vernis.

Op de momenten dat mensen getest worden -door een tekstkritiek of inhoudelijke opmerkingen- zie je de ware aard verschijnen. Voorstaan in punten geeft meest sportief gedrag, maar o wee als er achter wordt gestaan, dan wordt de sliding van achteren flink ingezet.

Het VKBlog was vaak een onthullend kijkvenster op het fenomeen MENS.

Fred van der Wal 16-02-2011

Mee eens wat GP betreft en wel volledig. Het kan niet anders of het zit 'm in de Friese volksaard, alhoewel ik met mijn Friese buren zeer goed om ga, dus schijnen er nuances te zijn.

Ik heb wel eens bij de moderatie het probleeem GP aangekaart maar kreeg dan te horen dat hij veel voor het VKblog had gedaan, net als K. In elk geval heeft hij geen vrouw, maar wel een hond en een huisdier kan een grote troost geven. Ik raad het als geestelijk raadsman altijd ieder lid van The Loneley Hearts Club aan en dat hij of zij dan vaak een cavia nemen bevreemdt mij ontzettend.

Aan de andere kant is het gewicht van een Ierse Wolfshond aanzienlijk en kun je veel beter in mijn geval I.N. op schoot hebben om de dag die was door te spreken of de Day after the Night before.

Het eindeloze gezeur over mijn werk en CV door GP is beslist niet ongemerkt langs mij heen gegaan. In elk geval heb ik zijn infame aanvallen kunnen pareren. Evenals de acties van Krudz waar Francois ook slachtoffer van werd.

De behandeling door enkele webloggers van Developer die van goede wil is en de daaruit voortvloeiende reacties die overgoten waren met een rabiate haat en rancune tegen deze man deden mij besluiten van de groep Partout Bellaart afstand te nemen omdat ik merk dat het mij emotioneel en fysiek aan pakte.

Ik sliep er slecht door o.a. Bovendien ben ik geen zakenman en heb het zakelijk talent van een paardenbloem die koppeltje duikt.

De polemiek met Krudzlo?

Deze artiest is een maatje te klein voor mij. Goliath ging toch ook niet met klein duimpje vechten? Nou dan! 1 maart gaat hier de vlag uit. En als het niet anders kan de Friese. Elke keer als ik die vlag zie zal ik eerbiedig mompelen ; GP! GP! En salueren. Ook dat nog.

Fred van der Wal 16-02-2011

Een misssive. Een erreur! Wim Duzijn vergeten. Mijn oudste dochter prijst hem wel eens om zijn doorzettingsvermogen, edoch...ook Wim D. is een academicus, al of niet gesjeesd, dat weet ik niet, naar ik meen geloof ik wel dat hij zijn doctoraal heeft gehaald, misschien wel cum laude .

Wie Wim D. is?

Een tobber.

Een criticus die van een geheel andere karakter structuur is dan mijzelve en lijdt aan het leven. Veel treurigheid ook. Zwaar op de hand. Veel gelachen wordt er niet in Huize Duzijn. Zelfs de kat kijkt sip. Zou hij wel pannekoeken, frieten of bitterballen kunnen bakken?

Ik weet het niet.

Toch een criterium waar je de mens achter de mens op kan afrekenen en dan die sterrenwichelarij.

Nee, dat moest maar eens afgelopen zijn met horoscopen trekken.

Apekool. Je koopt er niets voor. Om over die bejaardenwoning maar te zwijgen want een echte man hoort in een doorzonwoning, geen drie kamer flat als zelfmoorddoos op vier hoog van een woonkazerne of in een vrijstaand optrekje.

Bovendien behoort de mens niet single door het leven te gaan want daar is hij niet voor gemaakt. Zo verzuchtte laatst nog een manlijke kennis dat ie liever een stofzuiger was geweest want dan hield de vrouw des huizes elke dag zijn slang vast en werd zijn zak op tijd geleegd. Toch moeten we niet gelijk gaan overdrijven en het homohuwelijk dan maar omhelzen bij gebrek aan beter. Zo hoort het nu eenmaal niet, want de heteroseksjuwelen wijze van leven is nu eenmaal de meest gezonde.

Maar ik dwaal af. De bijdrages van Wim waren allemaal veel te moeilijk voor simpele niet academici. Ik denk dat alleen GP eigenlijk snapte wat er bedoeld werd. Ik niet.

Thera 16-02-2011

Misschien offtopic, maar ik wilde deze gedachte even uiten:

Bij bloggen draait het juist om de reacties. De wisselwerking, het uitwisselen van gedachten en dat kan en mag soms best escaleren. De meeste redactieleden van de Volkskrant hebben dat niet begrepen en plaatsen een artikel, dat ook in de krant komt, op het blog, maar kijken er verder niet meer naar om.

Geen enkele wisselwerking dus. Dat is dus geen bloggen in mijn optiek. Ik zie bloggen nog steeds als een soort toetsen van ideeën, wat denkt iemand anders hierover? En hoe en wat en waarom? Of hoe gaan anderen met een bepaald onderwerp om? En het kan daarom heel waardevol zijn. Dat Thom dit nooit heeft ervaren, komt ook omdat hij nooit actief geblogd heeft. Op zich niet erg, maar het zet zijn ongenuanceerde oordeel wel in een heel ander licht.

Klaverblad 16-02-2011

Op mijn tuinhuis wappert de Friese vlag. Ik zal er nog even een foto van maken... (en hierboven plaatsen). Friesland spreekt me aan.

Ik zou wel op een terp willen wonen, onbenaderbaar, maar wel met zicht op de omliggende wereld. Niet voor steeds, maar wel voor de momenten dat ik de wereld haat.

Wim is een intellectueel pur sang, een zelfverkozen eenling, een creatieve man. Ik heb wel geprobeerd wat contact te krijgen/houden, maar zijn wereld is de mijne niet. Ik heb wel respect voor zijn stijl, trouw (naar jou) en doorzettingsvermogen. Ik blijf hem lezen, al is het vaak een hele klus.

Klaverblad 16-02-2011

@ Thera,

Mee eens met je constatering. Hij vindt zichzelf journalist en bloggers zijn van een lager niveau. Het was ook niet sportief wat Thom deed. De aanval frontaal inzetten en niet willen reageren. Zwaktebod. Voor mij -dat mag bekend zijn- is het VKB-formaat zo sterk vanwege de interactie mogelijkheid.

Fred van der Wal 16-02-2011

Thera

Volledig mee eens. Je pleit voor de menselijke maat. Voor interactie. Voor persoonlijke ontwikkeling, voor groei, voor de mogelijkheid gelijkgestemden te ontmoeten, allemaal mee eens, ideeën te ontwikkelen, creativiteit.

Wie daar voor kiest, daar kies ik eveneens voor.

Zoals academici neer kijken op niet academici kijken journalisten neer op webloggers, een mix van dedain en jaloezie.

Burgerjournalistiek is een nonsens concept.

Wat stond ons dan te doen? De schoorsteenbrand op de hoek te verslaan met pakkend beeldmateriaal?

Ja, dat zouden die journalisten wel gewild hebben en dan een lange neus naar ons trekken gevolgd door sliep uit gebaren en als slot met de rechterhand een vliegenvangend gebaar ter hoogte van het voorhoofd makend? Of zou het 't internationale Fuck It gebaar van de middelvinger worden? Ik denk het laatste!

Fred van der Wal 16-02-2011

Klaverblad,

Ik heb enige jaren op een terp gewoond, die sinds de middeleeuwen Lekkerterp heet te te Oldeboorn. Zelfs die plek waar ik woonde werd bestreden door GP merkwaardig genoeg. Ik keek er van op.

Klaverblad! Een Friese vlag op een niet Fries huis. Ik moet de moderatie van het FNP nu terstond inlichten.

Die SWAT ploeg Friezen staat al dagen lang in een oude wrakke otobus klaar om met hooivorken langs te komen.

In de Bourgogne dreigde de fotograaf R. B. mij daarmee, vlak voor de opening van een tentoonstelling van mijn werk.

Hij zei: Er is een ploeg Friezen onderweg om je aan te pakken! Ik zei dat ze welkom waren.

Ik ben toen naar buiten gelopen om vrij uit te kunnen lachen. De situatie was bizar.

Het artiestenvolkje! Altijd in voor een Witz of een bedreiging!

Daarom houd ik ook helemaal niet van ze. Bijna net zo erg als academici!

Klaverblad 16-02-2011

Wat is er nog Limburgs aan Limburg en Fries aan Friesland?
Het barst er van de import!!

En asielzoekers…
Zoals elders.
De tuthola Maxima zei: de Nederlander bestaat niet.
En hoor ik jou nou zeggen: de Fries bestaat wél?

Wim Duzijn 16-02-2011

Geroddel en geklets over anderen heeft me nooit aangesproken. Precies
zoals FRED van der Wal zegt: Omdat ik een moeilijk mens ben die niet
van geestelijke gemakzucht houd. Heb het ooit hier als volgt geformu-
leerd:
Ik ben een pessimist van nature. Ben altijd een eenzelvige zonderling geweest in een wereld die zich op zinloze wijze druk zit te maken over niks.
Op een dag – dat herinner ik me nog heel goed - werd ik door mijn moeder, die een ijverige rumoerige vrouw was die nooit eens de mond kon
houden als er stilte in het leven nodig was, een bus ingeduwd vol
schreeuwende en handtastelijke roomse kinderen: leden van het zangkoor.
Er was een jongen ziek geworden en daarom mocht ik gratis mee. Huilen
dus, want ik haatte rooms-katholieke zingende kinderen, vooral wanneer
ze ook nog "misdienaar" waren – en dat kwam verschrikkelijk vaak voor,
en ik ging dus nooit naar missen waarin gezongen werd - maar die niet erg
pessimistische daad van me bleek volmaakt zinloos te zijn - moeders wil
was immers wet – zodat ik me uiteindelijk geduldig schikte in mijn lot,
stilletjes lijdend temidden van rumoerige roomse kinderen die in plaats
van een onbegrijpelijk heilig lied (latijns was mode in die jaren), het ordi-
naire, door mij als kind al als volstrekt clichématig en ranzig ervaren "potje met vet" ten gehore brachten.
De dagtocht, die mij dwong deel uit te maken van aan zingen verslaafd
grauw, werd besloten met een verloting. Hoofdprijs was een grote voetbal,
een echte leren bal, die iedereen graag wilde winnen, hetgeen onmogelijk
werd gemaakt door wat ik achteraf ervoer als het ingrijpen van God
hoogst persoonlijk, een wonderbaarlijke daad die ertoe leidde dat mij - de
uitzondering, de hater van het vrolijke lied - het winnende lot in handen

werd gegeven, zodat ik na aankomst in Zwolle triomfantelijk het schreeuwende gezelschap verliet met in mijn armen de grote dure leren voetbal die zij wilden winnen...

Zwaar pessimistisch dus, als kind al, omdat de bal het symbool was van de terreur van de eeuwig zingende massa, waar ik als voetbalhater op neer blikte, zodat het winnen van hun grote kostbare bal mij met intense trots vervulde.

Ik had als rustige zwijgzame eenling de massa verslagen, hen het idool ontnomen en hen duidelijk gemaakt dat je helemaal geen lid hoeft te zijn van een rooms kinderkoor wanneer je de hoofdprijs in het leven wilt winnen.

En zo zit ik nog altijd in elkaar. Alles wat religieus is kan voor mijn part naar de hel lopen, niet omdat ik atheïst ben, want waarom zou ik als anarchist niet een vriend mogen zijn van God(?), maar omdat ik een pessimist ben, en een pessimist is iemand die God niet zoekt bij de potjes met vet verkopende massa, maar bij alles wat hem in contact kan brengen met een wereld die pessimistisch is. Zo simpel is dat.

Het feit dat pessimisme niet in tel is, bewijst dat we in een massa samenleving leven, een wereld waarin massamensen altijd het kwaad neer leggen bij als gevaarlijk beschouwde eenlingen, mensen die juist helemaal niet gevaarlijk zijn, omdat een eenling altijd de vijand is van bedillerige bemoeizicht en geestelijke terreur, zaken die nu juist het grote kwaad vertegenwoordigen in een optimistische, anti-anarchistische samenleving. Blogje van 22 juni 2009. Zie het maar als een SLOTAKKOORD...

www.vkblog.nl/bericht/265868/A...